新闻学与传播学“十四五”规划教材·基础课程系列
14th Five Year Plan University Textbook
河南省委宣传部与郑州大学共建新闻与传播学院系列成果

传播学研究方法

COMMUNICATION RESEARCH METHODS

邓元兵 主编

中国传媒大学出版社
·北京·

图书在版编目(CIP)数据

传播学研究方法／邓元兵主编. -- 北京：中国传媒大学出版社，2022.2（2023.8重印）
新闻学与传播学“十四五”规划教材. 基础课程系列
ISBN 978-7-5657-2962-1

Ⅰ. ①传… Ⅱ. ①邓… Ⅲ. ①传播学—高等学校—教材 Ⅳ. ①G206

中国版本图书馆 CIP 数据核字（2021）第 114760 号

传播学研究方法
CHUANBOXUE YANJIU FANGFA

主　　编	邓元兵		
策划编辑	李水仙		
责任编辑	李水仙		
责任印制	李志鹏		
封扉设计	风得信设计 · 阿东		
出版发行	中国传媒大学出版社		
社　　址	北京市朝阳区定福庄东街 1 号	**邮　　编**	100024
电　　话	86-10-65450528　65450532	**传　　真**	65779405
网　　址	http://cucp.cuc.edu.cn		
经　　销	全国新华书店		
印　　刷	艺堂印刷（天津）有限公司		
开　　本	787mm × 1092mm　1 / 16		
印　　张	12.75		
字　　数	215 千字		
版　　次	2022 年 2 月第 1 版		
印　　次	2023 年 8 月第 2 次印刷		
书　　号	ISBN 978-7-5657-2962-1/G · 2962	**定　　价**	49.80 元

本社法律顾问：北京嘉润律师事务所　郭建平

目　录

第一章　传播学研究方法的发展历程

▶章节大纲：

1. 研究方法的重要性；
2. 原点：传播学研究方法的欧洲源起；
3. 发展：传播学研究方法在美国的演变；
4. 博弈：两大传播学派在方法论上的分野；
5. 传播学研究方法在中国的发展。

▶章节内容：

传播学研究方法的目的在于增加人们对社会和世界的认识与理解。本章将以时间轴为序，梳理传播学研究方法的发展历史和脉络，促进读者对传播学研究方法的深入学习。

第一节　研究方法的重要性

美国著名传播学者埃弗里特·罗杰斯（Everett M. Rogers）曾在《传播学史：一种传记式的方法》中说："任何涉入一条新的河流的人都想知道这里的水来自何方，它为什么这样流淌。"① 在我们面前横亘的这条"河"一直奔腾着，要想知道它为什么这样流淌就离不开研究方法的支持。传播学的发展离不开研究方法的支持，学习和掌握传播学的专业理论及内涵，就必须掌握系统的研究方法。而研究方法的发展历史，可被视为研究方法的哲学基础，因此，在掌握

---

① 罗杰斯. 传播学史：一种传记式的方法［M］. 殷晓蓉，译. 上海：上海译文出版社，2005：1.

研究方法之前，首先要了解它的发展脉络和演进逻辑。

研究方法是什么？研究方法是指在研究过程中发现新现象、新事物或提出新理论、新观点，揭示事物内在规律的工具和手段。研究方法是从科学研究过程中不断总结、提炼而来的，它搭建起了理论与现实之间的桥梁。从某种意义上来说，有什么样的研究方法，就有什么样的科学研究。如果说归纳法产生了经典科学，假说演绎法产生了相对论，那么系统方法则产生了复杂科学，恰如手工铁铲代表农业社会、蒸汽机代表工业社会、计算机代表信息社会一样。研究方法对于社会进步、学科建设和学术规范均有着重要的作用。

对学生而言，在研究计划、学术报告、毕业论文等研究成果中，明确研究方法至少有两个作用：第一，可以增加成果的可信度和可行性，有利于他者审核、检验；第二，可以为后续相关课题或项目的研究人员提供参考，进而有利于研究工作的可延续性。无论是学术论文还是研究报告，研究者在摘要中都要用一定的篇幅对自己的研究方法进行描述，清楚地说明收集和处理研究数据的过程以及组织、加工和分析论证材料的过程。可以说，没有研究方法的学术论文是不符合科学研究规范的，没有明确说明使用何种研究方法的研究报告是缺乏可信度的。

对于研究者而言，在信息呈指数级增长的时代，如何辨别信息的真伪，如何更好地传递和表达信息，如何理智地对待互联网上涌现的新鲜事物，都需要依靠相应的研究方法做出正确的判断。比如，河南省作为劳务输出大省，众多进城务工的现象背后是大量留守儿童的出现。由于受经济状况、地域环境、教育情况的制约，这些留守儿童心目中的城市是什么样的？新媒体是加剧还是消弭了数字鸿沟？留守儿童的媒介素养如何？以上这些问题都不能只凭主观判断而简单地得出答案，只有学习并运用合适的研究方法，才能得出较为客观的结论，使人们对以上问题形成相对准确的认知。

第二节　原点：传播学研究方法的欧洲源起

19 世纪的三大智者——查尔斯·罗伯特·达尔文（Charles Robert Darwin）、西格蒙德·弗洛伊德（Sigmund Freud）和卡尔·海因里希·马克思

（Karl Heinrich Marx）都来自欧洲，他们每个人都以其关于人类行为和人类社会的革命性思想使整个世界发生了翻天覆地的变化，他们的进化论、精神分析理论和马克思主义对传播学的发展起到了至关重要的作用。

达尔文的进化论思想在20世纪以后通过芝加哥学派的努力，被深深地植入传播学的主流学派之中，即现代传播的整体既被当作社会进步的一种力量，也被当作恢复广泛的道义和政治一致的力量。弗洛伊德的精神分析理论对现代心理学产生了巨大的影响，借助批判学派、帕洛阿尔托学派以及哈罗德·拉斯韦尔（Harold Lasswell）和卡尔·霍夫兰（Carl Hovland），直接或间接地影响了社会学、政治学和人类学。法兰克福学派将马克思主义和弗洛伊德理论结合起来，将其纳入批判的传播学理论谱系之中。

两次世界大战不仅给人民带来了深重的灾难，而且使欧洲学术界受到了前所未有的重创。欧洲逐渐失去思想策源地的地位，学术思想开始跨越大西洋来到美国。一些重要的欧洲学者，如保罗·拉扎斯菲尔德（Paul F. Lazarsfeld）、库尔特·勒温（Kurt Lewin）等在战争中逃往美国，并在那里建立了实证主义研究的传播学思想体系；而一些受马克思主义理论影响的批判学者虽然也逃往美国，但是他们的思想并不被接受，其最终在战后的欧洲开花结果。

一些流亡美国的德国法兰克福学派的学者通过论证意识形态霸权的美国形式——大众文化，开始与萌芽时期的经验主义传播学对立。这些受到法西斯迫害而来到美国的学者，其哲学思辨传统与美国社会科学中的反思辨倾向发生了冲突。[①] 出于对本土法西斯统治的憎恨以及学术传统的延续性，他们发现美国与纳粹德国并无二致，都给他们提供了相似的研究题材。对法西斯的批判导致这些学者中的大多数无法认同美国文化，因为他们认为这是威权主义。美国不用恐怖和高压统治，而是在很大程度上以大众传媒为途径的大众文化来实现“威权主义”。所以，法兰克福学派的学者倾向于使用批判的、较为激烈的词语来探讨和评价美国的大众社会及大众传播媒介。

虽然他们大多数在美国主流文化中的影响不大，其中一些人如西奥多·阿多诺（Theodor Wiesengrund Adorno）等后来还返回了欧洲，但是他们在美国还是培养或影响了一批新的批判学派学者，如哈罗德·罗森伯格（Harold

① 陈力丹. 试论传播学方法论的三个学派［J］. 新闻与传播研究，2005（2）：40–47.

Rosenberg）等，并涌现了一批关于美国媒介文化研究的著作。新批判学派学者认为，当今娱乐与新闻已经不可分离，特别是在电视中，只有娱乐节目才能使新闻得到销售。20 世纪 40 年代，法兰克福学派批评了资本主义媒体，提出了“文化工业”的概念。20 世纪 60 年代，欧洲思想出现了百家争鸣的繁荣景象，新马克思主义、符号学、结构主义等社会思潮此起彼伏。与美国经验学派更注重量化分析、受众调查、实验设计和效果研究不同的是，欧洲的传播研究更倾向在整体的社会秩序中研究媒体与政治以及社会进步之间的关系，更加注重质化的研究方法，反对将现象数字化。英国学者杰·布鲁默（Jay G. Blumer）认为，欧洲的研究有以下特点：第一，重视媒体与政治之间的关系，“权力”成为分析的焦点。一方面，媒体要保持中立和独立；另一方面，媒体又跟主导性的政治结构、价值观和利益保持着联系。第二，欧洲曾经有过批判的意识形态，因此学者往往对媒体与既有社会结构之间的关系保持自觉的警惕。第三，从社会功能上看，媒体被视为统治阶级进行社会控制的工具，妨碍了激进的社会变革。①

从研究方法来看，早在 20 世纪 40 年代，罗伯特·林德（Robert Lynd）就对经验主义的研究偏向提出了质疑：“坚持它的人通常将自己置于现行的体制之中，暂时接受它的价值和目标，从事收集数据和描述趋势这些工作……时间是漫长的，数据总是不完整的，形势在不断变化，当‘客观的’分析家发现更多应记录的东西时，他就会被更深地拉进假设的网络中，从这种假设出发，他正在研究的体制假装在运转。”② 当经验主义传播学深入证明一些假设，如色情和暴力的电视镜头是否会对青少年造成不良影响这样的研究项目时，批判学派的观点不在于证明是或否，而认为即使数据证明无害也无意义，因为这个问题要靠价值观来解决。数据在这里无能为力，科学的数据只能客观地证明存在什么，但不能表示应该存在什么。

在布鲁默看来，欧洲在 20 世纪 60 年代就开始了实证研究，其标志是约瑟夫·克拉珀（Joseph T. Klapper）于 1960 年发表的《大众传播的效果》。欧洲学者开始打破传统传播学研究方法的界限，使传播学研究方法出现多样化特征，如法国学者罗兰·巴尔特（Roland Barthes）使用符号学的方法来分析期

① 陈阳. 大众传播学研究方法导论［M］. 2 版. 北京：中国人民大学出版社，2015：8.
② 陈力丹. 谈谈传播学批判学派［J］. 新闻与传播研究，2000（2）：33-38，96.

刊、电影、文学作品等媒介文本，开创了将媒介内容研究与符号学分析相结合的新方式。同时，丹尼斯·麦奎尔（Denis McQuail）等人也采用量化的调查法在北欧国家研究“使用与满足”理论。

20世纪60年代，文化研究的兴起促进了人们对经验学派的反思。文化研究着眼于阶级、种族、性别、身份认同等方面，在传播学研究方法上采用质化研究。1985年，文化研究的代表人物在美国的“国际传播学协会”[①]年会中公开对美国的传播研究提出了挑战，反对将传播研究简化成媒介效果研究。但是随着时代的发展，文化研究也因文字不易被理解、研究主题与当今社会实际大相径庭而受到批评。

相比之下，欧洲学者较为重视具有思辨性和批判性的质化研究，而美国学者则认为以统计数字为代表的量化研究才能精确揭示传播效果。近年来，两个学派的学者也开始了自我批评与反思：欧洲学者开始注意研究媒介效果，美国学者也逐渐增强社会责任感和公共意识。正是这种自我批评与反思，才进一步促进了传播学研究方法的发展和完善。学派之间只有互相取长补短，才能促进整个传播学研究理论和方法的发展。

第三节 发展：传播学研究方法在美国的演变

戴维·H. 韦弗（David H. Weaver）和理查德·G. 格雷（Richard G. Gray）将美国大众传播研究的历史大致分为三个时期：发展时期（19世纪初至20世纪30年代）、过渡时期（20世纪30年代至20世纪50年代）、现代时期（20世纪50年代至今）。[②]发展时期是芝加哥学派占统治地位的时期；过渡时期是拉扎斯菲尔德时期，实证研究的定量方法占据研究的主导地位；现代时期社会研究的标志是把人纳入了研究框架。

在美国，传播学研究方法的发展史有以下特点：首先，发展时期的主要研究成果为描述印刷出版物的历史和重要媒介人物的生平传记，以定性分析和个

---

① 即International Communication Association（ICA），是美国最大的传播学学术组织，其年会也为美国规模最大的传播学学术会议。

② 邓忻忻. 美国新闻与大众传播研究[J]. 国际新闻界，1990（1）：15-24.

案研究为主，缺少定量研究方法。其次，过渡时期的大众传播研究方法开始向定量分析发展，传播学研究方法成为需要专门学习的一项技巧，传播学研究越来越多地强调使用客观的、定量的、系统的研究方法。最后，20 世纪 50 年代以后，媒介效果仍旧是美国大众传播研究的重点；同时，关于媒体组织、媒体和社会文化的研究也得到了发展。

20 世纪初，欧洲理论漂洋过海，被芝加哥学派所接受，社会科学研究成为经验研究，其形式是观察其他定性的研究方法，其中一个受到重点关注的是对近代迁移到芝加哥城的欧洲移民社会无序问题的研究。以罗伯特·帕克（Robert Ezra Park）、查尔斯·霍顿·库利（Charles Horton Cooley）、约翰·杜威（John Dewey）和乔治·赫伯特·米德（George Herbert Mead）为代表的芝加哥学派是改良的、进步的和实证的，其试图通过研究这个世界的社会问题而对之进行改造。芝加哥学派想要研究的问题是：移民贫民窟是否阻碍了美国民主制的发展。新闻记者这一职业经历为帕克在从事社会调查研究的过程中保持客观、理性提供了良好的基石。1922 年，帕克采用文本分析法和田野调查法来研究城市新移民与民族稳定之间的关系，出版了专著《移民报刊及其控制》。同时，沃尔特·李普曼（Walter Lippman）采用个案分析法和文本分析法，对刻板成见、新闻审查和报纸的功能进行了分析，出版了他著名的《舆论学》一书。

统计方法在 20 世纪 20 年代就进入了社会科学研究的范畴。在 1930 年前后，芝加哥学派开始重视量化和统计的研究方法，芝加哥学派进入鼎盛时期。此时，电影在美国的发展如火如荼，吸引了大量的观众，特别是儿童，众多关于电影对美国儿童的影响效果研究开始大量涌现，前后共有 13 个相关的研究项目在 1929 年至 1932 年间进行。它们都受到佩恩基金会的资助，在研究方法上主要采用定量的方法。1935 年左右，帕克退休，芝加哥学派的影响力迅速下降。究其原因，一方面是因为人才的流失；另一方面，则是因为美国社会学从侧重于研究犯罪、卖淫、贫穷和社会无序等方面的社会问题转向社会地位和社会工作。芝加哥学派式微之后，哥伦比亚大学研究大众传播效果的定量方法论和社会理论崛起，代表人物有拉扎斯菲尔德和罗伯特·默顿（Robert K. Merton）。

20 世纪 30—60 年代，威尔伯·施拉姆（Wilbur Schramm）及“四大先驱”

也纷纷采用量化的方法进行传播学研究。“二战”爆发，拉扎斯菲尔德逃亡到美国，得到洛克菲勒基金会的资助，在普林斯顿大学建立了一个广播研究中心。他偶然地接触大众传播研究，开始了他真正的传播研究学术生涯。“广播研究项目”的全名是“广播对于所有类型听众的基本价值”，拉扎斯菲尔德利用调查研究、广播节目的内容分析、收听率和其他种类的二手资料，对广播听众和印刷媒体读者进行比较，促使广播研究朝着精确的、量化的方向发展。拉扎斯菲尔德运用特殊的工具和分析方法，即“拉扎斯菲尔德—斯坦顿节目分析仪”，该分析仪是一种资料收集仪器，从本质上说是媒体效果的测度仪器，它可以记录实验对象的喜欢和不喜欢，从而使研究者将受众对广播节目或广告内容的预期与受众个人的情感联系起来。

拉扎斯菲尔德后来在哥伦比亚大学建立了哥伦比亚应用社会学研究所，该研究所在 20 世纪 40 年代末至 60 年代中期硕果累累。研究所的项目一般是选择有代表性的共同体，从其调查对象的样本（或人口调查）中收集资料，通过定量的研究方法来进行研究。这种以调查为主并结合统计数据进行分析的研究风格沿袭了拉扎斯菲尔德的经验主义研究传统，哥伦比亚应用社会学研究所成为当时美国最具影响力的研究机构之一。

1940 年，拉扎斯菲尔德等社会学家在美国大选期间，围绕民主党和共和党的大众传播竞选宣传，对选民的投票意向进行了一项社会调查。他们在俄亥俄州伊利县关于大选的调查报告《人民的选择》中发现：人们接收信息时存在选择性注意和选择性理解；传媒的信息通常经过人群中的信息活跃分子（舆论领袖）进行再次传递（二级传播）；传媒对选民的影响有 3 种模式，即活化（激发潜在的倾向）、强化（固定已有的意见）和转化（影响缺乏主见的人）。这项社会调查将社会学、社会心理学的诸多因素渗透到对传播现象的研究中，奠定了现代传播研究的范式。

霍夫兰在“二战”后期和战后，为美国军方的战时宣传进行了一系列以人为研究对象的心理控制实验研究。他提出了信息源条件、说服者条件、信息本身的条件、说服过程等诸多观点，把说服过程当作日常生活经验的重复来进行说服程序的设计。他认为，人们真正恐惧的不是已经确定的事实，而是不确定和无法知晓的事实。他的研究为后来各种社会想象的心理游戏设计提供了思想基础。

拉斯韦尔在 1948 年发表的论文《传播在社会中的结构与功能》中提出了完整的传播“5W 模式”，即谁（who）、说了什么（says what）、通过何种渠道（in which channel）、对谁说（to whom）、产生了什么效果（with what effect）。尽管这个模式有许多缺陷，但仍然帮助后来的研究者限定了传播研究的基本范围。时至今日，它仍然是引导人们研究传播活动的一种便捷的思路。拉斯韦尔还论证了大众传播的社会功能：监视环境、联系社会和传承文明。随后，默顿和拉扎斯菲尔德在他们的论文《社会理论和社会结构》中，提出传媒具有三大社会功能：赋予社会地位、强化社会规范和麻醉作用。上述几位学者奠定了传播研究的基础，直接影响了后续的传播理论。

1949 年，施拉姆融合了关于传播的观点。至此，“经验—功能”学派的方法和理论框架大体形成。罗杰斯在谈到施拉姆对传播学的贡献时说：“施拉姆是传播学的奠基人。如果他对于这个领域的贡献能够以某种方式取消的话，那么就不会有传播学这样一个领域了。”①施拉姆毕生致力于传播研究，对传播学这门学科的创立与发展做出了杰出的贡献，被誉为传播学的集大成者。20 世纪 70 年代末至 80 年代初，他曾多次来华进行学术交流，对当时我国正在起步的传播学研究产生了很大的推动作用。

“火星人入侵地球”是对经验学派的基本研究方法最好的注脚。在当时，人们希望找出导致听众把广播剧作为真实的新闻加以接受的心理条件和社会情境。于是，阿尔伯特·哈德利·坎特里尔（Albert Hadley Cantril）主持了这项研究，研究方法包括抽样调查（前后共两次，一次是 CBS 一周内的调查，样本量为 920 人；一次是一家舆论研究所 6 周的调查，样本量达数千人）、个人访谈、对报纸报道的分析（全国报纸 3 周内的 1.25 万篇报道）。调查通过各种方法相互验证，确认大约有 600 多万人收听了该剧，其中 100 多万人受到惊吓并发生连带行动。排除其他因素，受到惊吓的人所具有的共同特点是：他们都非常信任广播；他们大多收入低且受教育程度不高；他们都相信专家；他们大多笃信宗教，因相信世界末日的到来而认为广播剧是真的。没有受到惊吓的受众大多具有判断能力，可以根据经验或通过对照其他信息将广播的内容与现实生活划清界限。

---

① 芮必峰. 传播学的视野：读 E. M. 罗杰斯《传播学史》札记 [J]. 新闻记者，2006（11）：68–70.

通过抽样调查，从少数调查对象中推论整体并设定一系列社会学范畴的分类，诸如性别、年龄、受教育程度、宗教信仰等，结合个人访问和对报纸报道的分析，从广播听众所处的社会阶层、信息接收差异，分析造成他们对信息理解的差异的原因，进而确定社会关系与受众对广播的反应之间存在着一定关系。这就是“经验—功能”学派基本的、经久不变的研究方法，通过探讨一个变量与另外几个变量之间的因果关系，帮助人们认识可以重复发生的某些规律性的传播现象。

经验学派的认识前提是：确信整个世界是有序的；存在个人规律和社会规律；行为规律可以被观察和测量；任何行为都有可以被理解的原因；行为可以被汇总统计；经过科学论证的抽样样本可以推断总体并依此预测未来。基于这样的观念，实证研究成为“经验—功能”学派的基本研究方式，其特点是研究对象必须是可以被感知的传播现象、对象，是可以被测量用以说明规律和规律性的现象；研究中严格保持价值中立，不先入为主。因而，这个学派得出的规律性“事实”来自被研究者多数的经验或体验。正如陈卫星所说：“事实是经验的囚徒。”[①] 实证研究对于分析具体的传播现象是很有效的，能够得出较明确的结论，也有助于处理现实的问题。这种方法源自艾萨克·牛顿（Issac Newton）的传统物理学，经过法国社会学家孔德（Isidore Marie Auguste François Xavier Comte）的改造在20世纪被引介到传播学。但是，不同于自然界的物，人具有复杂的思维和情感，一旦把物理学的研究方法应用在人的思维和与情感相关的事物上，就不可避免地把复杂的东西简单化了。

20世纪60年代是动荡的时期，也是西方世界思想开始分化的时期。学者痴迷于定量研究的狂潮已经逐渐退去，人们更希望得到数据背后所隐藏的真实动因，以了解人的感受、观点和意见，人的重要性被提到了尤为突出的位置。但是，利用完全结构化的或正式的方法从调查对象那里获得的刻板数据并非总是最理想的。首先，出于自我保护的原因，人们可能会拒绝回答某些问题，不愿意如实回答那些侵犯他们隐私、让他们尴尬或者对他们的自尊与地位产生负面影响的问题。其次，人们也许不能准确地回答那些触动他们潜意识的问题，因为潜意识层次里的价值观、情感欲望、行为动机会被外在世界的理性化与自

① 陈卫星. 传播的观念［M］. 北京：人民出版社，2004：64.

我保护所掩饰。

20 世纪 30 年代以后，经验学派的研究主要围绕着传媒信息的传播效果展开。20 世纪 70 年代以后，一系列关于传播者、传播内容、传播渠道、受传者和传播效果等方面更加细致的新理论假设和传播模式出现，这些理论假设和传播模式除了仍然注重短期和长期的传播效应之外，还涉及社会环境、价值取向的动机对传播的影响，形成了实验（主要是控制心理实验）、调查（主要是抽样调查）、内容分析和田野调查四大研究方法，传播学研究方法在实证的基础上不断完善。整个社会对人的重视、对人性的重视，使得社会科学开始反思经验主义的研究传统，质化研究方法逐渐被社会所接受。

第四节　博弈：两大传播学派在方法论上的分野

拉扎斯菲尔德在社会研究中试图将定性方法和定量方法、参与性观察和深度访谈、内容分析和个人传记、专题小组研究和焦点访谈结合起来。其中，在伊利县研究中，拉扎斯菲尔德为了了解媒介对选举的个人选择所起到的作用，成立了一个专题小组，这个专题小组由 7 个个体访谈组成，从 5 月到 11 月隔月进行，以 600 名调查对象作为样本。在一段时间内，对同样的调查对象一遍又一遍地进行测定。

当传播学偏向于采用类似自然科学的实证研究方法时，批判学派的代表人物之一阿多诺对此表示了质疑和反对。阿多诺应邀参加拉扎斯菲尔德的“广播研究项目”时，被该项目“类似于工厂一样的气氛”所震惊。阿多诺是这样描述当时的情景的，“我对业已进行的研究的第一印象是：完全没有任何详尽理解的痕迹……我从一个房间走到另一个房间，和同事们交谈，听到诸如‘喜欢和不喜欢的研究’和‘某个节目的成功或失败’之类的话语，对于这些说法，我一开始几乎就听不懂……”对于这样一种高度应用性的研究，阿多诺表现出极度的藐视，认为它不仅缺乏学术研究的性质，而且研究方法也有问题，因为“学术研究的进行应该推进知识的新领域，而不是为了使富有的媒体巨头能够变得更加富有”；就研究方法而论，“认为在刺激物中发现的社会含义与体现在

‘反应’中的社会含义之间理所当然地存在一致性，这是天真的做法”。[①] 阿多诺认为，把偶然的关系强加到广播音乐对于听众的效果上面是存在问题的。值得注意的是，几年后，挑剔的阿多诺却在《权威人格》中成功地与经验主义学者合作进行了定量的经验性研究。

阿多诺本是应拉扎斯菲尔德之邀参加“广播研究项目”的，但却与拉扎斯菲尔德产生了巨大分歧。不仅如此，本次合作的失败为经验学派和批判学派日后的分歧和矛盾埋下了种子。前者是由商业公司和公共机构赞助所进行的经验性研究，目的在于解决一些实际的问题；而后者则对现代资本主义社会持批判态度，认为大众媒体归根结底是为统治阶级的利益而服务的。二者之间的差异具体体现在以下几点：

第一，研究核心。经验学派的核心课题是“如何控制”以及“在多大程度上”进行控制；而批判学派关心的焦点在于“谁在控制”“为什么存在支配、控制”“为了谁的利益进行控制”。

第二，研究方法。经验学派在方法论上坚持经验性实证研究（采用社会学、心理学等方法，强调定量分析，注重实证，偏向微观）；而批判学派在方法论上坚持以思辨为主（强调定性、客观、全面），反对实证主义的态度。

第三，研究目的。经验学派为了维护现存的社会制度和传播制度，为大众传播媒介充分实现政治、经济、军事功能而服务，其实用性、经验性明显；批判学派从哲学、社会学等思辨角度探讨传播与社会结构各要素之间的关系。

第四，研究焦点。经验学派更注重如何传播、如何有效传播之类的问题，致力于寻求传播活动的自身规律，它的落脚点在传播效果和受众；而批判学派则关心“为谁传播”等问题，着重研究传播体制以及传播者和社会各结构、各要素之间的关系，其落脚点在传播意义上。

第五，社会观。经验学派认为资本主义是多元社会，只要实现多元利益的协调和平衡即可消除社会矛盾，媒体可以帮助改进社会问题，拥护、维护现存的社会制度和传播制度的立场；而批判学派则认为资本主义及其传播制度本身并不合理，大众传媒的本质是少数垄断资产阶级对大多数人实现思想意识形态统治的工具，因此必须对其进行批判和改变。

---

① 罗杰斯. 传播学史：一种传记式的方法［M］. 殷晓蓉，译. 上海：上海译文出版社，2005：290–291.

对于经验学派从数据中得来的结论，许多批判学者都表示不赞同。为了回应这些反对的声音，拉扎斯菲尔德在 1941 年写下了《评行政的和批判的传播研究》。拉扎斯菲尔德认为，批判学派与经验学派的矛盾并不是无法调和的，二者可以有机地结合，他曾试图建立一座通向批判的学术思想的多元桥梁，希望能够与美国式的经验主义研究相交融，从而成为“对于解释已知的事情与有助于寻求新资料的那些挑战性的问题和新概念”的源泉。拉扎斯菲尔德曾在自传中说：“当我的学术生涯开始时，欧洲的社会科学被哲学和思辨的思潮所支配……与此同时，美国行为主义和操作主义支配着知识界……在这种情况下，我成为一个连接着的齿轮。一个欧洲的‘实证主义者’是稀奇之物，受到那些对美国社会科学中的微妙趋势有所意识的人们的欢迎。”①

社会关系不仅是简单的“量化”关系，而且是复杂的“质化”关系。我们无时无刻不在进行的传播，在许多情况下是没有目的（起码没有明确目的）、不计效果（起码不是那种直接的、显在的、即刻的效果）的文化行为。②归根结底，方法论只是一种认识世界的方法，学者各取所需、各有所用，从不同的角度来看待自己研究的领域，无论是经验主义还是批判主义，都是传播学研究的经典范式，每一种学术研究方法都必定有其存在的价值与合理性。

第五节　传播学研究方法在中国的发展

2018 年是新闻传播学由二级学科新闻学升为一级学科 20 周年。自 1998 年以来，学科地位的提升、传播技术的变革与传媒业的发展等因素相交织，推动中国新闻传播学学科进入发展快车道，这主要体现为新闻传播学教育规模超常规发展，研究基地不断增多、学会组织日益壮大、学术活动日益频繁、基金资助不断增加、研究成果日益丰硕。

1998 年以来，国内开办新闻传播学教育的高校规模快速扩张，伴随着教师和研究生队伍的急剧壮大，著作和论文的产出量也在节节攀高。以中国知网的数据为例，新闻学、广播电视学、传播学三者合计从 1998 年的 8,393 篇增加到

---

① 罗杰斯. 传播学史：一种传记式的方法［M］. 殷晓蓉，译. 上海：上海译文出版社，2005：323.

② 芮必峰. 传播学的视野：读 E. M. 罗杰斯《传播学史》札记［J］. 新闻记者，2006（11）：68–70.

了 2018 年的 57,508 篇，增速十分可观。

目前，我国研究者在使用传播学研究方法方面有以下特点：

首先，偏重于抽样调查方法，涌现了一大批有代表性的研究成果，并且开始运用统计手段建立传播模型。其次，较少采用实验法，即便采用实验法，也很少讨论变量之间的因果关系。最后，忽视了观察、访谈等定性研究方法。在很多研究中，这些方法仅仅被当作调查的辅助手段来验证调查结果，它们更为重要的功能——建构理论，还未被发掘。①

有学者总结了 1981—2003 年我国主要学术期刊上的传播学研究，发现理论介绍多、实证研究少，并且实证研究的方法大多粗糙，研究的力度和系统程度远远不够。② 综合分析，造成这种现象的原因有二：一方面，我国的传统学科设置让现有的新闻传播学院从中文系中被分离出来，新闻传播研究受人文学科影响较深，习惯用思辨研究来代替实证研究，没有认识到传播学是门社会科学，因而缺少系统、严格的研究方法训练；另一方面，跟新闻界长期流行的“新闻无学”观念有关，“新闻无学”使人们通常不重视对新闻传播规律的总结，因此也就忽视了科学的研究方法。

▶本章小结：

1. 任何一项研究都离不开研究方法的支撑。没有研究方法的科学研究是不存在的，没有研究方法，研究就成了无源之水、无本之木，就不是真正的研究。掌握了正确的研究方法，针对不同的现实情况正确运用研究方法，不仅能提高研究的效率和结果的准确度，而且能更好地认识世界和改造世界。
2. 欧洲三大智者达尔文、弗洛伊德、马克思的进化论、精神分析理论和马克思主义对传播学的发展起到了至关重要的作用。欧洲学者重视思辨性、批判性的质化研究，而美国学者认为以统计数字为代表的量化研究能精确揭示传播效果。近年来，学派之间也开

---

① 陈阳. 大众传播学研究方法导论［M］. 2 版. 北京：中国人民大学出版社，2015：8.

② 黄旦，韩国飚.1981—1996：我国传播学研究的历史和现状：对几种新闻学术刊物的简略考察［J］. 新闻大学，1997（1）：20-26，31；廖圣清，申琦，柳成荫，等. 中国大陆新闻传播学研究十五年：1998—2012［J］. 新闻大学，2013（6）：70-82.

始了自我批评与反思：欧洲学者开始注意研究媒介效果，美国学者也逐渐增强社会责任感和公共意识。二者之间只有互相取长补短，才能促进整个传播研究理论和方法的发展。

3. 美国的研究方法发展史：（1）19世纪至20世纪30年代，主要研究成果在于描述印刷出版物的历史和重要媒介人物的生平传记，以定性分析和个案研究为主，缺少定量研究方法；（2）20世纪30年代至50年代，大众传播的研究方法向定量分析发展，研究方法成为需要专门学习的一项技巧，传播研究也越来越多地强调使用客观、定量、系统的研究方法；（3）20世纪50年代以后，媒介效果仍旧是美国大众传播研究的重点，同时，关于媒体组织、媒体和社会文化的研究也得到了发展。
4. 从研究方法上看，批判学派在方法论上坚持以思辨为主（强调定性、客观、全面），反对实证主义的态度；而经验学派在方法论上坚持经验性实证研究（采用社会学、心理学等方法，强调定量分析，注重实证，偏向微观）。
5. 做研究时不仅要掌握具体方法的基本概念，而且还应该与具体的媒介研究中存在的实际问题相结合，在推动传播学向前发展的同时带动社会的繁荣进步。

▶关键术语：

1. 研究方法是指在研究中发现新现象、新事物或提出新理论、新观点，揭示事物内在规律的工具和手段，是人们在从事科学研究过程中不断总结、提炼出来的。因为人们认识问题的角度、研究对象的复杂性等因素，研究方法本身处在一个不断地相互影响、相互结合、相互转化的动态发展过程中，所以目前对研究方法的分类很难有一个完全统一的认识。纵观科学发展史，一种科学研究方法的问世往往会随之诞生一门独立学科。
2. 质化研究，又称定性研究，是根据社会现象或事物所具有的属性和在运动中的矛盾变化，从事物的内在规定性来研究事物的一种方法或角度。进行定性研究，要依据一定的理论与经验，直接抓住事物特征的主要方面，暂时略去同质性在数量上的差异。它以普遍承认的公理、一套完整的演绎逻辑和大量的历史事实为分析基础，从事物的矛盾性出发，描述、阐释所研究的事物。被广泛使用的质化研究方法包括个案研究、人种志、田野调查、文献研究等。

3. 量化研究，又称定量研究。定量，就是以数字化符号为基础去测量。定量研究将研究对象的特征按某种标准进行量的比较来测定研究对象的特征数值，或求出某些因素间的量的变化规律。定量研究与科学实验研究是密切相关的，可以说，科学上的定量是伴随着实验法产生的。量化研究侧重于运用在调查法和内容分析法中，用统计分析来解读研究数据并验证假设。

4. 传播学批判学派，是 20 世纪 60 年代以后在西欧一些国家形成的传播学研究学派。批判学派受德国法兰克福学派的影响较大，对现存的传播制度持批判态度。批判学派是一个比较复杂的学者群体，其内部又分为各种流派。主要流派有以英国学者斯图亚特·霍尔（Stuart Hall）为代表的文化研究学派、以英国学者保罗·戈尔丁（Paul Golding）和格雷厄姆·默多克（Graham Murdock）为代表的政治经济学派、以普兰扎斯（Poulantzas）等人为代表的“意识形态霸权”研究。批判学派的研究在一定程度上修正了美国传播研究的缺点，使其能从另一个角度对复杂的社会传播现象进行全面的考察。但批判学派的观点也经常有失偏颇。

5. 传播学经验学派，主要指以美国学者为代表的传统学派，他们在传播学研究中占主流地位。传统学派多从行为主义角度进行研究，注重经验材料和实证考察。西欧的一些学者则认为美国经验学派的研究是站在行政当局的立场上出发的，因而把他们称为行政学派。因为经验学派把社会视为一个能够进行自我调节和平衡的有机生物体，所以其特点是对现行社会体制是否合理并不关心，而是维护与改进现存社会体制及其功能。经验学派在方法论上坚持经验性的实证研究立场，在方向上坚持实用主义的研究目的，在指导思想上则坚持多元主义的社会观。

▶思考与研讨题：

1. 我们为什么要学习研究方法？
2. 研究方法的发展在欧洲经历了怎样的过程？
3. 美国的研究方法分为哪三个阶段？分别有怎样的特点？
4. 批判学派与经验学派有什么区别？
5. 谈一谈你对研究方法的认识。

▶延伸阅读：

1. 胡翼青. 西方传播学术史手册［M］. 北京：北京大学出版社，2015.
2. 胡翼青. 传播学：学科危机与范式革命［M］. 北京：首都师范大学出版社，2004.
3. 罗杰斯. 传播学史：一种传记式的方法［M］. 殷晓蓉，译. 上海：上海译文出版社，2005.

第二章　测量与量表

▶章节大纲：

1. 变量的定义及类型；
2. 测量的定义及操作化；
3. 李克特量表；
4. 语义差别量表。

▶章节内容：

本章的第一节主要介绍了变量的定义和类型。在量化研究中，变量是进行测量的主要对象；变量的类型按作用可划分为自变量、因变量、控制变量、中介变量和调节变量等，按取值可划分为离散型变量和连续型变量，按测量的级别可划分为定类变量、定序变量、定距变量和定比变量。第二节讲解了测量的定义及其四要素，并且通过丰富的论文案例详细介绍了测量的四种方式以及如何进行操作化。第三节介绍了李克特量表和语义差别量表这两种常用的量表类型及其编制步骤。

第一节　变量

一、变量的定义

变量是关于人或事物等被测量对象的特性或特点，它们随不同的人或事物在质量或程度上发生相应变化。因此，变量的取值存在程度上的区分和变化。例如，在最常见的分类变量中，性别如果全部为男性，则不能体现变量的本质特征；调查产品的使用满意度也不可能存在所有人的满意度都一致的情况；在调查社交媒体的使用时长时，每一个调查对象都有不同的选择。

二、变量的类型

（一）按变量的作用分类

根据变量在研究过程中的作用，可以将其分为以下几种主要变量。自变量，又称刺激变量，是引起或产生变化的原因，是实验或研究中有计划地设置或改变的因素，具有可操作性和可变性。因变量，又称反应变量、依变量，是受自变量影响的一种结果变量。控制变量，又称额外变量，它们的存在会对因变量产生影响，是实验过程中必须排除的干扰因素。

例如，在研究父母的阅读习惯对大学生使用微信进行工具性阅读的影响中，[①] 父母在业余时间的阅读频率为自变量，大学生通过微信获得工具性信息的动机、阅读非娱乐生活类新闻的行为则是因变量。另外，大学生的性别、大学生的年龄、父母教育水平、父母收入水平、省份、城乡等因素也会影响大学生使用微信进行工具性阅读，这些因素便是控制变量。

中介变量是指介于自变量与因变量之间不能被直接观察到的内在变量或动因，中介变量既是自变量的结果，又是因变量的前提。例如，在研究新媒体接触对女大学生 HPV 疫苗接触意向的影响研究中，[②] 证实了新媒体接触会影响女大学生 HPV 疫苗的接种意向。但在这个过程中，新媒体接触可以通过影响女大学生的健康信念（包括对 HPV 病毒或疫苗的感知易感性、感知严重性、感知利益、感知障碍）进而影响女大学生 HPV 疫苗的接种意向，因此，这里的健康信念就是一种中介变量。

调节变量和中介变量是两个经常被混淆的统计概念。简单来说，调节变量影响着自变量与因变量之间的方向（正或负）和强弱。例如，微信用户的信息

---

① 芮牮，陈宏亮. 社会资源差异还是父母示范影响？——大学生微信阅读的数字鸿沟研究［J］. 新闻记者，2020（5）：50–59.

② 郭小安，王天翊. 新媒体接触、健康信念与 HPV 疫苗接种意向［J］. 新闻与传播研究，2020（6）：58–74.

分享行为和群体压力之间的关系会受到微信用户性格的影响：外向型人格对趋同心理与微信用户信息分享行为具有正向显著的调节作用，而严谨型人格对趋同心理与微信用户信息分享行为具有消极显著的调节作用，顺同型人格、神经质人格对感知意见环境与微信用户信息分享行为具有正向显著的调节作用。[①]在这里，“大五”人格特质便是调节变量。

（二）按变量的取值分类

根据变量的取值可以将其划分为离散型变量和连续型变量。离散型变量的取值是有限的、可数的，比如性别、职业、学历、经常使用的 App 等。连续型变量的取值有无限个，比如收入、每周使用社交媒体的时长等。需要注意的是，离散型变量只能取有限的数值，而连续型变量可以取任何数值。

（三）按测量的级别分类

1. 定类变量

定类变量的取值只用来区分类别，不表示任何数量上的大小。例如，性别就是一种定类变量，其分为“男性”和“女性”，类别之间是平行的关系。定类变量属于定性变量。

以论文《消失的头条：新闻 App 的视觉影响因素与记忆效果》[②]为例，“新闻 App”就是一个定类变量，研究者根据新闻 App 的主办机构和新闻内容，将新闻 App 的类型划分为传统媒体机构新闻 App（如《人民日报》、《光明日报》、南方 plus 等）、综合类新闻 App（如腾讯新闻、澎湃新闻、凤凰新闻等）、算法类新闻 App（如今日头条、天天快报、即刻等）、专业领域新闻 App（如财经新闻、华尔街见闻、虎嗅等）等。各个类别相互排斥并且互不交叉重叠，是测量定类变量的基本准则。

2. 定序变量

定序变量的取值要在表示分类的基础上，按照某种逻辑顺序对这些分类进

---

① 邹霞，谢金文. 群体压力对微信用户信息分享行为的影响研究［J］. 新闻大学，2019（9）：69-82.

② 张晗. 消失的头条：新闻 App 的视觉影响因素与记忆效果［J］. 国际新闻界，2020（5）：121-137.

行排序。比如，年龄（20 岁以下、21—30 岁、31—40 岁、41—50 岁、51 岁以上）、教育程度（高中及以下、大专、本科、硕士研究生、博士研究生）、收入（2000 元以下、2001—4000 元、4001—6000 元、6001—8000 元、8001 元以上）、健康状况（非常差、比较差、比较好、非常好）等。在新媒体的使用与满足研究中，经常需要测量人们或某一群体使用微博、微信、抖音等新媒体的时长（3 个月以下、3—6 个月、6—12 个月、1—2 年、2 年以上）和使用频率（很少、一月一次、一周一次、一天一次、一天多次），这里的使用时长和使用频率就是定序变量。注意，离散型变量都是定类变量或定序变量。

3. 定距变量

定距变量的取值不仅表示分类和顺序，还表示不同类别之间的绝对距离和数量差别，比如温度、智商、出生年份等。但需要注意的是，定距变量不存在一个有实际意义的“零点”，就像温度中的“零摄氏度”并不代表没有温度。比如，计算两个地区的温差时，A 地区气温为 20 摄氏度、B 地区气温为 40 摄氏度，只能说明 B 地区气温比 A 地区气温高了 20 摄氏度，但不能说 B 地区比 A 地区热一倍，因为定距变量的比值和倍数是没有意义的。

4. 定比变量

如果变量的取值不仅表示了绝对数值的大小，而且包括了一个有实际意义的、绝对的零点，那么就称其为定比变量。比如，年龄、每周使用手机的时长、微博点赞量、粉丝量等。以每周使用手机的时长为例，因为其零点（代表每周使用手机的时长为 0，即不使用手机）是绝对的，可以进行加减乘除的运算，我们便可收集某一群体每周使用手机时长的数据，计算出该群体每周使用手机的平均时长。需要注意的是，定比变量与定距变量的关键区别在于定距变量没有真正的零点。

定序变量、定距变量和定比变量都属于定量变量。

变量的级别越高，能够提供的有效信息也就越多。在实际研究中，需要尽可能运用更高级别的定距或定比变量。一方面，可以获得更多的信息；另一方面，高级别的变量也容易转换为低级别的变量，极大地方便了研究过程。在测量这四种变量时，应把握好以下三个基本准则。第一是穷尽性，变量的取值具有穷尽性，每一个被调查对象的情况都可以归于某个取值中；第二是等价性，变量的取值具有等价性，必须按照同一种原则将变量划分为不同的取值；第三是互斥性，变量的取值之间具有互斥性，每一个被调查对象的情况仅属于一个取值。

第二节　测量

一、测量的定义及其四要素

（一）测量的定义

测量是依据一定的法则，通过系统化的记录和观察手段来确定事物和现象的特征的过程，[①] 也就是将抽象的概念转化为可观察的、可度量的现象，从而使传播现象数量化或类型化的过程。

测量大体上可以分为定量式测量和定性式测量。定量式测量是指从量化的角度来分析研究者预先假设具有因果关系的各种变量，通过使用具体的测量工具、数学统计和运算等对这些变量进行测量和分析，揭示研究对象的数量关系，从而验证研究假设是否成立。定性式测量则从质化的角度探究研究对象是否具有某种性质、特征或属性，是一个归纳的过程。

（二）测量的四要素

一个完整的测量过程包括以下四个要素。

第一，测量客体，也是测量的对象（研究对象），必须是客观世界存在的事物或现象。比如，测量对象可以是儿童、青少年、大学生、老年人等个体或群体，也可以是微博、微信、抖音、快手等新媒体，还可以是 SARS、新冠肺炎等公共卫生事件。

第二，测量内容，即测量对象的某种特征或属性。比如，测量内容可以是

① 陈阳. 大众传播学研究方法导论［M］. 2 版. 北京：中国人民大学出版社，2015：92.

外显的性别、年龄、职业、收入等，也可以是内隐的社交焦虑、主观幸福感、刻板印象等。

第三，测量法则，即将测量对象的各种特征或属性用数字和符号来表示的操作规则。比如，在测量人们的主观幸福感时，可以让被测者用数字 1—5 来表示主观幸福感的强弱，数字 5 表示主观幸福感最强，数字 1 表示主观幸福感最弱，介于两者之间便可依据程度用数字 2、3、4 来表示。

第四，数字和符号，用以表示测量的结果。

二、测量的方式

测量不同的变量需要用不同的测量方式。从测量的级别来看，由低到高分别是定类测量、定序测量、定距测量和定比测量。

（一）定类测量（nominal measure）

定类测量是对测量客体的属性或特征的类别加以鉴别的一种测量方法，是计量层次最低、最基础、最简单的测量类型。它只需对事物进行平行的分类，各类别用指定的数字代码表示，数据表现为“类别”。在对研究对象进行定类测量时，要保证类别的穷尽性和互斥性。

例如，论文《政策危机传播的结构化考察和成因分析：以 2011—2017 年网上争议性政策传播为研究路径》以 2011—2017 年间共 342 个争议性的政策议题为研究对象，根据公共政策的内容指向，将争议性政策议题分为文化、教育、人口、社保、环保、交通、法治、反腐、物价、食药安全、公共卫生、公共安全、道德、税费、财经、住房和其他 17 个类别，进行定类测量。结果显示，社保、交通、住房、教育等民生类话题容易引发争议。[①]

（二）定序测量（ordinal measure）

定序测量是指对测量客体的特征或属性进行排序的方法，数据表现为“类别”。比如，用大学、中学和小学来区分文化程度就是一种定序测量。定序测量在给事物分类的同时进行排序，其测量结果比定类测量精确，但只能区分次序，

---

① 张淑华，王佳林. 政策危机传播的结构化考察和成因分析：以 2011—2017 年网上争议性政策传播为研究路径［J］. 新闻与传播研究，2019（5）：41-58.

不能确定距离。

仍以论文《政策危机传播的结构化考察和成因分析：以 2011—2017 年网上争议性政策传播为研究路径》为例，研究者使用定序测量确定了争议性政策的辐射范围和争议周期。其中，争议性政策的辐射范围可以分为个体或单位范围、区域范围和全国范围；争议性政策的争议周期根据持续时间可以分为一周之内、一月之内、一年之内和一年以上。结果显示，全国性政策在数量上占有微弱优势，其争议的形式相对温和但持续时间相对较长——时间持续在一年以上的比例高达 50.3%；区域性、局部性或行业性政策的总数不及全国性政策，但却是引起舆论高度关注的“高发地带”，具有短期而激烈的特征，一周之内争议结束者的占比为 61.9%。这“一大一小”的辐射范围和“一长一短”的周期特征，显示了网络争议对小范围议题短瞬而激烈、对全国性议题持续而平稳的注意力特征。

（三）定距测量（interval measure）

定距测量是对测量客体之间的数量差别或间隔距离进行测量的一种方法。常见的定距测量有测量温度、测量智商等。定距测量的数据表现为“数字”，取值之间可以进行加减运算，比定序测量更加精确，但因为没有绝对的零点，所以不能进行乘除运算。换句话说，定距测量中的“零”是以某种人为的标准而设置的标志值，并不是绝对的“无”。

对主观幸福感的测量就是一种定距测量。在现代心理学中，主观幸福感指的是评价者根据自定的标准对其生活质量进行整体性评估，是人们对客观现实的一种主观反映。例如，论文《城市新移民社交媒体使用与主观幸福感研究》采用网络问卷的调查方式，以杭州为调查范围，探究在城市新移民中广泛使用的社交媒体如何影响他们在新环境中的社会融合和幸福感知。其中，主观幸福感包括生活满意度和情感平衡两部分，在测量时分别采用埃德·迪纳（Ed Diener）设计的“生活满意度量表”和布拉德伯恩（Bradburn）的“情感量表”。数据结果显示，女性、来杭时间较短、已婚、使用互联网频率较低、在社交媒体上较多进行信息生产、较少进行信息获取的新移民对自己的生活更加满意，在杭状况越稳定、年龄越轻、收入越高、阅读报纸越多、每天使用社交媒体时间越长的新移民情感平衡状态越好。①

（四）定比测量（ratio measure）

定比测量是测量中的最高层次，可以确立测量对象之间的比率。定比测量的数据表现为“数值”，存在实际意义上的“零点”，因此能够进行加减乘除的运算。

例如，论文《中国文化软实力：国际评价、传播影响与提升策略》中对“文化软实力”的测量就是一种定比测量。②研究者首先按照文化软实力的实现程度将文化软实力分为文化资源力、文化传播力、文化认同力和文化实践力 4 个维度；其次，根据这 4 个维度，构建了一个包含 38 个具体指标的中国文化软实力测评体系，并确定了各项指标的权重。在这里，这 4 个维度都存在一个“零点”，这个零点是绝对的、固定的、非人为规定的。

在以上 4 种测量中，定类测量处于最底层，定比测量处于最高层，它们按照定类测量—定序测量—定距测量—定比测量的顺序级别依次上升，内容越来越复杂。从数学性质上看，高级别的测量具有低级别测量的一切特征和功能，高级别测量不仅可以测量低级别测量的内容；而且可以测量低级别无法测量的内容；而低级别测量却无法反过来去测量高级别的内容。

三、如何进行操作化

（一）概念、变量与指标

概念，是一类现象或事物的属性在人们主观上的反映。概念是思维的产物，具有一定的抽象性，往往无法直接进行观察。变量，是指经过严格界定，可以进行具体观察和测量，并且具有一个以上取值的概念。指标，是指能够被直接观察的、体现变量内容变动的一组事物。

可以看出，概念、变量与指标之间层层分解，是从抽象层次过渡到经验层次的关系。我们将现实观察到的现象或事物的特征属性抽象成为概念，通过把握概念的内涵与外延来界定概念并把它分解为几个变量，再按照一定的逻辑将

---

① 韦路，陈稳. 城市新移民社交媒体使用与主观幸福感研究［J］. 国际新闻界，2015（1）：114-130.

② 陶建杰，尹子伊. 中国文化软实力：国际评价、传播影响与提升策略［J］. 现代传播，2020（7）：51-55.

变量拆分成若干个可以直接测量的指标，由此便可以对概念抽象的研究现象进行测量了。

（二）操作化的步骤

所谓操作化，就是以经验上可观察的、可把握的指标来表达抽象概念的过程。通过操作化，可以对概念抽象的研究现象进行测量。概念操作化的过程可分为以下四个步骤：

第一，形成概念。通过对现实世界的观察，将某一现象或事物的特征、属性抽象为一个概念。例如，在论文《网络主播与情感劳动：一项探索性研究》[①]中，研究者注意到了当下的一种新兴职业，即网络主播。大量的观众进入直播间与网络主播互动，以寻求情感满足与情感支持；相应地，网络主播也会或多或少地付出自己的情感。不同于其他职业的劳动，网络主播的劳动是一种新型的情感劳动，这里的“情感劳动”就是一个抽象化的概念。

第二，概念界定。概念在不同方面或者不同人的思维里具有不同的含义，因此需要找到这个概念的内涵与外延，用抽象的定义将概念所指的现象与其他现象区分开来。在形成“情感劳动”这一概念后，研究者还需要根据研究对象和研究问题进一步界定。该文章以网络主播为研究对象，将“情感劳动”界定为“在数字媒介领域下的网络主播群体的情感劳动”，这样一来便与线下面对面情境下的其他职业群体的情感劳动区分开来。

第三，形成变量。经过严格的界定，概念可以被划分为若干个能够体现具体类别和量值的变量。“情感劳动”是抽象的概念，并不能被直接观察和测量，因此研究者又将情感劳动划分为“展示规则”“互动的频次、持久度和程式化”“表演策略”“情感倦怠”四个变量。

第四，发展指标。将形成的变量划分为若干个可以被直接观察和测量的具体指标，即为发展指标。在形成了抽象程度较低的四个变量后，需要将这些变量发展为经验层次上可把握的若干指标。比如，变量“情感倦怠”可以发展为“情感耗竭”“个人成就感”“去个性化”三个指标。在完成指标建构以后，便可以选择或编制合适的量表进行测量了。

---

① 胡鹏辉，余富强. 网络主播与情感劳动：一项探索性研究［J］. 新闻与传播研究，2019（2）：38–61.

通过操作化，抽象的概念被逐步分解成具体的、可测量的指标。在做一项调查或研究时，概念的操作化过程具有重要的功能与作用。首先，有助于调查人员或研究者厘清概念在具体调查或研究中的含义；其次，变量间关系的假设获得了被检验的机会；再次，有助于明确测量变量之间的逻辑关联；最后，可以为同样的调查项目或研究提供比较的依据。

但需要注意的是，对变量进行操作性定义并无绝对的参照标准和可供借鉴的准则，没有一种操作定义可以让所有人满意。研究者要做的是广泛参考前人的研究成果，探索一种对研究问题而言最为适当的操作定义。

第三节　量表

量表是一种复合测量手段，目的在于研究变量的强度、方向、程度、层次或趋势。量表包含一组按照逻辑顺序排列的题项，题项的位置不能随意调换，每个题项的回答选项都对应着固定数值，其总值代表着研究对象的特征和性质。[①]

在新闻传播学研究中，最常用的两种量表类型为李克特量表和语义差别量表。

（一）李克特量表（Likert scale）

李克特量表由美国社会心理学家李克特（Likert）于1932年发明，这种量表由一组与某个主题相关的问题或陈述构成，通过计算量表中各题的总分，可以了解人们对某调查主题的综合态度或看法。

李克特量表尺度多样，最常见的是李克特五级量表，即每个题项都包含五个答项。另外，还有李克特六级量表、七级量表等。答项的范围从一个极端的态度到另一个极端的态度，如从“完全符合”到“完全不符合”，或者从“非常同意”到“非常不同意”。以李克特五级量表为例，答项的计分方式可以分为“非常同意 =5”“比较同意 =4”“一般 =3”“比较不同意 =2”“非常不同

① 胡鹏辉，余富强. 网络主播与情感劳动：一项探索性研究［J］. 新闻与传播研究，2019（2）：38-61.

意 =1”，也可以分为“非常同意 =2”“比较同意 =1”“一般 =0”“比较不同意 =–1”“非常不同意 =–2”。不论何种计分方式，量表各项分数相加后得到的总分，就是对其态度及其程度的一种说明。

表 2–1 李克特量表举例

例 1. 社交焦虑程度调查①					
	完全不符合	基本不符合	不确定	基本符合	完全符合
1. 如果必须和权威人士（老师、老板等）面对面交谈，我往往会感到紧张	1	2	3	4	5
2. 对我来说，和别人眼神交流是有困难的	1	2	3	4	5
3. 我难以和同事或同学自在地相处	1	2	3	4	5
4. 聚会时，我与他人的交往往往很自在	1	2	3	4	5
例 2. 网络表情符号的使用调查②					
	非常不同意	比较不同意	一般	比较同意	非常同意
1. 网络表情符号已经成为我日常网络交流中不可或缺的一部分	1	2	3	4	5
2. 如果没有网络表情符号，我在网络上的交流将很难进行	1	2	3	4	5
例 3. 信息关注类型调查③					
	从不关注	不太关注	一般	比较关注	非常关注
国内时政	1	2	3	4	5
经济新闻	1	2	3	4	5
文化娱乐	1	2	3	4	5
社会民生	1	2	3	4	5
体育新闻	1	2	3	4	5
教育新闻	1	2	3	4	5
科技新闻	1	2	3	4	5

通常情况下，研究者在开展学术研究时，会优先考虑从已有的测量量表中

①② 杨颖. 网络表情符号能拯救“社恐”吗？——网络表情符号中介作用下的社交焦虑与线上交流效果研究［J］. 新闻记者，2020（11）：26–37，67.

③ 马超. 媒介类型、内容偏好与使用动机：媒介素养影响因素的多维探析［J］. 全球传媒学刊，2020（3）：115–138.

进行筛选，微调后再使用。如果既往研究中的某个概念没有成熟的测量量表可供直接参考或使用时，则需自行编制。编制李克特量表有以下步骤和注意事项。

第一步，收集和编写大量与测量概念有关的陈述，数量一般在 50—100 个。要求：每个陈述之间具有同质性，即跟所测量的变量相关；运用积极和消极的陈述，避免答题惯性。在表 2–1 的例 1 中，前 3 个陈述都是消极的负向陈述，而最后一个陈述做了积极的正向陈述。

第二步，对每一个陈述以 4—8 级的记分方式来对被研究者的回答进行分类。根据尺度的不同，李克特量表可分为以下两种情况。一种是偶数平衡。当调查主题有趋中效应时，部分被研究者可能不愿表态。因此，可以通过不设置中间值的四点、六点或八点偶数级李克特量表来让被研究者做出选择。另一种是中性类别的设定。常用的李克特量表尺度为五点或七点，中间值即为中性类别。在这种情况下，研究者应注意是否大部分被研究者的回答都选择了中间值，如果是，则应当改进量表或取消中间值，因为此时的量表无法测量被研究者的态度和意见。

第三步，随机选取若干被研究者进行试调查，要求他们依据自己的看法、态度，对列出的陈述一一评分。将每一个被研究者的分数相加，得到的总分就说明了被研究者的态度及其强弱程度。

第四步，根据试调查的数据对量表进行信度分析。首先，在处理数据时，根据被研究者每项回答的分值，对逆向和正向的说法进行处理。因为每个说法都有态度倾向，所以大部分被研究者的回答不能都落在中间点上。其次，计算分辨力系数。每条陈述的分辨力系数为总分最高的 25% 的人在这一题上的平均分减去总分最低的 25% 的人在这一题上的平均分。平均分之差越大，说明该陈述越能测量变量特征。

第五步，根据信度和效度分析，去除影响信度和效度的陈述和说法，从而得到信度和效度较高的李克特量表。

（二）语义差别量表（semantic differential scale）

语义差别量表由社会心理学家查尔斯·奥斯古德（Charles E. Osgood）等人于 20 世纪 50 年代编制而成，用于测量人们的态度以及某种事物、概念或实体在他们心目中的形象。语义差别量表把要测量的概念先分解出若干个描述角度，测量尺度和李克特量表一样可区分为五点或七点，量表的两端代表两极化的态度。

研究者在编制语义差别量表时有以下步骤和注意事项。

第一步，确定描述、判断或评价被调查对象的角度（3—15 组），然后在每个角度上找出一对反义词，要尽量保证反义词组全面而有意义。

第二步，一般将各对形容词分别置于一系列有 5 个或 7 个刻度的标尺两端，将正反形容词之间的差距分成 5 或 7 等分，中间的一级表示中立态度。在这个过程中要注意对反义词的负向处理。为了避免被研究者的答题惯性，通常不会将正面或负面形容词全部置于一侧，而是穿插设置。因此，在处理和分析数据时，要注意正反义词对应的分值。

第三步，试测，剔除不合适的、容易引起歧义的反义形容词，进一步改进量表。

表 2–2　语义差别量表举例

例 1. 看完某帖子后，您觉得这个帖子的内容						
	1	2	3	4	5	
一点也没有趣						非常有趣
一点也不新颖						非常新颖
严重错误						非常正确
一点也没用						非常有用
一点也不令人惊讶						非常令人惊讶

例 2. 您对某品牌的态度是								
	1	2	3	4	5	6	7	
不信任的								信任的
消极的								积极的
不赞同的								赞同的

▶本章小结：

1. 变量是处在一种变化状态中的量，用来说明变动、变化的状态。变量的取值不是衡量，既有波动大小又存在程度上的区分和变化。根据不同的标准，变量可以被区分为不同的类型。例如，按照变量在研究中的作用可以分为自变量、因变量、控制变量、中介变量和调节变量等；按照变量的取值可以分为离散型变量和连续型变量；按照测量的级别从低到高可以分为定类变量、定序变量、定距变量和定比变量。
2. 研究设计包括如何将抽象的概念转化为变量，用何种方式测量变量以及怎么发展指标。
3. 测量变量的方式包括定类测量、定序测量、定距测量和定比测量，这 4 种测量方式的级别依次升高，测量的精确度也逐渐提升。高级别的测量具有低级别测量方式的一切特征和所有功能，不仅可以测量低级别测量的内容，而且可以测量低级别无法测量的内容，反之则不然。
4. 李克特量表和语义差别量表是社会科学研究中两种常用的量表类型，需要根据具体的研究问题选择合适的量表。在自行编制量表的过程中，一定要进行严格的预调查，保证量表的信度和效度。

▶关键术语：

1. 变量：是处在一种变化状态中的量，可以说明变动、变化的状态。变量的取值不是衡量，既有波动大小又存在程度上的区分和变化。量化研究中的变量存在差异性。
2. 自变量：又称刺激变量，是引起或产生变化的原因，是实验或研究中有计划地设置或改变的因素，具可操作性和可变性。
3. 因变量：又称反应变量、依变量，是受自变量影响的变量，是一种结果变量。
4. 测量：测量是依据一定的法则，通过系统化的记录和观察手段来确定事物和现象的特征的过程，也就是将抽象的概念转化为可观察的、可度量的现象，从而使传播现象数量化或类型化的过程。

5. 概念：是一类现象或事物的属性在人们主观上的反映。概念是思维的产物，具有一定的抽象性，往往无法直接进行观察。
6. 指标：是指能够被直接观察到的、体现变量内容变动的一组事物。
7. 操作化：以经验上可观察的、可把握的指标来表达抽象概念的过程。通过操作化，可以对概念抽象的研究现象进行测量。
8. 李克特量表：由一组与某个主题相关的问题或陈述构成，通过计算量表中各题的得分，可以了解人们对某调查主题的综合态度或看法。
9. 语义差别量表：用于测量人们的态度以及某种事物、概念或实体在他们心目中的形象。语义差别量表先把要测量的概念分解成若干个描述角度，测量尺度和李克特量表一样，可区分为五点或七点，量表的两端代表两极化的态度。

▶思考与研讨题：

1. 变量有哪些类型？试举例说明。
2. 什么是测量？有哪几种测量方式？
3. 定比测量和定距测量有什么区别？
4. 如何编制李克特量表？
5. 观察一个感兴趣的传播现象，找到自己的研究问题，尝试进行操作化。

▶延伸阅读：

1. 陈阳. 大众传播学研究方法导论［M］. 2 版. 北京：中国人民大学出版社，2015.
2. 风笑天. 社会学研究方法［M］. 3 版. 北京：中国人民大学出版社，2009.
3. 袁方. 社会研究方法教程：重排本［M］. 北京：北京大学出版社，2013.
4. 王茜. 社交化、认同与在场感：运动健身类 App 用户的使用动机与行为研究［J］. 现代传播，2018（12）：149–156.
5. 刘绩宏，柯惠新. 道德心理的舆论张力：网络谣言向网络暴力的演化模式及其影响因素研究［J］. 国际新闻界，2018（7）：37–61.
6. 周勇，倪乐融，李潇潇. “沉浸式新闻”传播效果的实证研究：基于信息认知、情感感知与态度意向的实验［J］. 现代传播，2018（5）：31–36.

第三章　抽样调查

▶章节大纲：

1. 抽样调查概述；
2. 概率抽样；
3. 非概率抽样。

▶章节内容：

本章介绍了抽样调查的定义和特点，展示了抽样调查的一般步骤和具体方法。抽样调查的具体方法分为概率抽样和非概率抽样。概率抽样包含了简单随机抽样、系统抽样、分层抽样、整群抽样和多级抽样等；非概率抽样包含了方便抽样、定额抽样、立意抽样、滚雪球抽样和志愿者抽样等。本章具体介绍了这些抽样方法的适用条件以及各自的优缺点，并且提供了相关的案例说明，为具体的实证研究提供指引。

第一节　抽样调查概述

一、抽样调查的定义

抽样调查是一种从全部调查对象中抽取一部分样本进行研究，通过部分来推断总体的调查方法。虽然抽样调查不是全面的调查，但是它的目的是为了反映总体的情况，因而，在某种程度上也可起到全面调查的作用。

调查对象，是指在调查过程中获取社会信息的最基本的单位，可以是人也可以是物，还可以是某一种社会现象。比如对留守儿童和空巢老人的调查就属于对人的调查；对可口可乐的市场满意度调查就属于对物的调查；对不婚主义人群的婚恋观调查就属于对某一种社会现象的调查。

调查总体，是指全部调查对象的集合体，比如在对留守儿童和空巢老人的调查中，某一地区全部的留守儿童和空巢老人就是调查总体。

抽样单位，是指在抽样过程中使用的单位。它既可以是调查对象，又可以是调查对象的某种集合体，比如班级就是学生的抽样单位，村委会就是村民的抽样单位。

抽样框，是指对可以作为样本的总体单位排序、编号、列册，从而得到的确切的、总体的抽样范围和结构。抽样框确定好之后，便可采用抽签或按随机数表的方式来抽取一定的单位数。[①] 若没有抽样框，就无法计算样本单位的概率，从而无法进行概率抽样。常见的抽样框有大学生花名册、工商企业名录、街道居民户籍册等。比如，某一年龄段内某一类型人的全部名单，某村进入抽样过程中的全部住宅名单等。调查对象和抽样单位有一致性，但又不一定完全一致，调查总体与抽样框也有一致性，但同样也不完全一致。不同类型的抽样可能会有所区别，其调查对象可能是具体的某个人，抽样单位可能是调查对象所在的集体。

参数值，又称总体值，是对调查总体中某一变量的综合描述。

统计值，又称样本值，是对样本中某一变量的综合描述。

二、抽样调查的特点

（一）足够数量的样本

抽样调查由足够数量的调查单位组成的“样本”来代表和说明总体，能够通过数量有限的个体对整体情况进行判断。抽样调查既不需要调查清楚所有的个体，也不需要以单纯的某个个体来反映总体。在自然界和人类社会中，存在着许多“以部分说明整体”的统计规律。例如，对大学生上某门课的满意程度进行调查，单纯抽几个样本从而推导出结果显然不够科学和严谨，只有通过科

① 例如，从 20,000 名学生中抽出 400 名学生组成一个样本，则这 20,000 名学生的花名册就是抽样框。

学而系统的抽样调查才可以得到一个相对客观的结果。

（二）随机抽样原则

按随机原则抽取样本，这是抽样调查最主要的特点。每个对象被抽中的机会和概率是均等的，这保证了得出的结论具有一定的可靠性。比如，调查大学生的追星情况，可能就需要通过抽样来反映大学生追星的整体趋势。按随机原则进行抽取的前提是要严格遵守随机抽样的原则，否则抽取到的样本就不具有代表性，分析研究得出的结论就是不可靠的，也就不能以此来推断总体。

（三）有效控制误差

抽样误差指的是在用样本来推断总体的时候，可能产生的与标准数值之间的偏差，这种偏差是可以事先计算并加以控制的。任何调查都会存在一定的误差，抽样调查也不例外。在进行抽样时，要把误差控制在一个可以被推测或者计算的范围内。只有这样，在用抽样调查的结果推导总体时，才能够知道这个误差应该怎么解读，或者找到是什么原因造成了误差。

除了抽样误差，在实际调查过程中还会产生其他误差，如调查对象不配合、调查员受自身主观性的影响等，这些都会给抽样调查的结果带来误差。

有效控制误差能够提升调查结果的准确性，为科学决策带来合理、可靠的参考依据。

（四）节约成本

与全面普查相比，抽样调查在很大程度上节省了人力、财力、物力和时间等成本，能够在较短的时间内得出较为准确的结论。比如，要调查大学生对抖音等短视频 App 的使用情况，研究者不可能对全国大学生进行普查，这时，抽样调查就是一种比较可行的调查方式。

三、抽样调查的一般步骤

（一）锁定调查范围

调查范围就是明确研究对象所在的区域，包括时间、地点、人物以及其他元素，然后根据总体规定的个数来确定所要调查的样本名单。界定总体时可以结合所研究的问题对其进行不同维度的划分，如性别、年龄、籍贯、出生年月、学历等。

界定完总体的大概特征后，便可以开始收集资料，通过收集不同类型的资料判断采取哪种抽样方式来进行研究。收集资料可以用网上调查、民意调查、电话调查等方式展开。在调查的过程中，可以从问卷一开始就提出过滤性的问题，通过性别、年龄等对样本进行初步的筛选。例如，在做关于进城务工者心理健康状况调查时，如果把“职业”列在问卷的最前面，就可以对非进城务工者样本对象进行筛查，减少后期研究的麻烦。

（二）选择合适样本

合适的抽样框或者相应的抽样样本要具有完备性和不重叠性（即互斥性）。完备性，是指抽样框或相应的抽样样本要包含总体中的任何个体；不重叠性是指每个个体都是不一样的，不能重复地进入抽样框。要实现这两点，就必须在调查的过程中谨慎、细心，认真对待每个出现的个体。例如，在调查低保收入家庭的时候，一个家庭里面可能有多个低保收入成员，如果同一个家庭里不同的人都被选中的话就会造成家庭样本的重复。再比如，根据手机号码匹配研究对象，可能一个人有多个手机号码，如果不排除这些影响因素，就可能导致后期抽样调查的结果产生较大误差。

延伸阅读：抽样误差

凯利·菲什（Kelly E. Fish）和詹姆斯·巴恩斯（James H. Barnes）提供了一个关于抽样框误差的有趣的例子——1936年《文学摘要》(*The Literary Digest*)做的民意测验。这个杂志社从电话簿和汽车主登记表中选出了一大批选民（超过200万人）进行抽样调查，基于这个调查的结果，杂志社预言艾尔弗·兰登（Alfred M. Landon）会在竞选中击败富兰克林·罗斯福（Franklin D. Roosevelt）。不幸的是，这个抽样框中的选民并不能代表1936年美国的所有选民。因为，当时大多数人既没有电话也没有汽车，这部分被忽略的选民收入很低，而样本框中的调查对象多为富裕阶层，他们更倾向于投共和党的票。所以，在竞选后不久，《文学摘要》因错误的预言而导致其可信度急剧下降，最终破产。

（三）确定抽样方法

要根据调查对象的规模大小和研究的实际情况来选择合适的抽样方法。因为不同的研究对象需要采用不同的抽样方法，不同的抽样方法使用范围也不一样，所以要在考虑了时间性的基础上具体问题具体分析。

一般来说，抽样主要分为两大类，一类是概率抽样，另一类是非概率抽样。概率抽样包括简单随机抽样、系统抽样、分层抽样、整群抽样、多级抽样等；非概率抽样包括方便抽样、定额抽样、立意抽样、滚雪球抽样、志愿者抽样等。两种抽样方法各有优劣，概率抽样能够保证抽样的代表性，但与非概率抽样相比，概率抽样操作相对复杂，耗资多、耗时长。所以，研究方法要根据实际情况进行选择。

（四）合理评估样本

在进行抽样调查的时候，要先判断被抽取的样本是否具有代表性，抽样误差的大小控制得是否合适等，在对样本进行适当的评估之后才能开始正式研究。一般的做法是，将样本的基本资料和总体的基本资料进行各方面的比较，如城乡、男女、年龄、职业、所在地、薪酬等。通常，样本与总体间的差异越小，就证明样本的代表性越强；差异越大，则说明选择的样本与总体并不是特别相符，样本的代表性也就越弱。

对样本的评估可以分为事前评估和事后评估。事前评估是指在抽取样本后，调查之前进行的评估。如果发现得到的样本和总体差距较大的话，便可以重新选择样本，或者换别的方法来提高样本的准确度，从而达到调查总体的目的。事后评估则是指在抽取样本、调查完成以后进行的评估。虽然通常事后评估无法更改样本的质量，但是可以分析样本与总体之间抽样的差距，判断或者计算出一个合理的抽样误差，从而对调查结果的最终确认起到一定的理解作用。

延伸阅读:《中国青年的生育意愿》的样本评估标准

第一，性别。根据有效样本来看，3,421 人当中有男青年 2,081 人，占总数的 61%，女青年有 1,340 人，占总数的 39%。根据我国 1978 年的人口统计资料来看，当时的男青年占 51.28%，女青年占 48.72%；又根据我国 1975 年部分省市县的人口统计资料来看，在 15—24 岁的青年中，男青年占总数的 51%，女青年占总数的 49%。

第二，年龄均值。在有效样本中，15—24 岁的青年共有 2,537 人，其年龄均值为 20.6 岁。根据上述我国 1975 年部分地区人口年龄分组统计资料推断，15—24 岁的青年人年龄均值为 19.53 岁。由此可见，所抽样本误差不大。①

无论是用哪个标准来评估样本，都要考虑样本量和总体之间的关系。不论是事前评估还是事后评估，都要尽量保证样本质量的可靠性，保证研究结果不会因个别抽样误差而影响最后的判断和结果。

第二节 概率抽样

一、概率抽样的定义

概率抽样又叫随机抽样，是以概率理论和随机原则为依据来抽取样本的一种抽样方法，它使调查总体样本中的每个单位都有同等被抽中的概率。概率抽样遵循大数定律，即可以通过设计样本和随机化操作来实现样本抽取，而且还能计算和控制抽样误差。

二、概率抽样的原则

从理论上讲，样本量越大，抽样的误差就会越小；但样本量越大，抽样的成本也就越高。在样本的设计上并不是样本容量越大越好，因为样本的容量往

① 张子毅，等. 中国青年的生育意愿［M］. 天津：天津人民出版社，1982：4–16.

往还会受到时间、经济等因素的制约。所以，概率抽样的原则为样本量大小适宜，同时兼顾随机性、可行性以及经济性等。在进行抽样调查的过程中，不能盲目追求样本规模，注意规避因受限于各种现实条件而导致调查结果失去随机性的情况。

三、概率抽样的常用方法

概率抽样主要分为简单随机抽样、系统抽样、分层抽样、整群抽样、多级抽样等，每一种抽样类型都有不同的侧重点，适合于不同类型的调查研究。当然，也可以同时用两个或者两个以上的抽样方法来进行研究。表 3-1 是不同类型的概率抽样对比。

表 3-1 不同类型的概率抽样对比

抽样类型	定义	原则	适用范围	优缺点
简单随机抽样	纯随机抽样，按照随机原则抽取部分作为样本	总体有限，样本小于总体，逐个不放回抽样，抽取机会均等	总体有限且单位之间差异较小	优点是节省成本；缺点是只适用于数量有限的总体
系统抽样	按照一定的次序排列，依照相同的距离进行抽取	样本可少于简单随机抽样，抽取机会均等	总体数量较多且较为均衡	优点是简便易行；缺点是容易出现周期性偏差
分层抽样	总体按照某种特征分为不交叉的若干层，然后对每一层进行抽样	每一层差异要小，不同层差异要大	样本规模比较大，总体能以某一明显的特征来进行分层	优点是适用于规模比较大的样本规模，能提高样本的精确度；缺点是过程比较烦琐
整群抽样	总体以“群”为单位，随机抽取个体	各个群要有代表性，每个群内部的差异性要大	同一子群的内部差异较大	优点是样本集中，过程简捷，成本小；缺点是如果样本的代表性比较差，那么可能会产生抽样误差
多级抽样	分为两个或两个以上阶段来抽取样本	类别与具体的个体要保持合适的比例	调查对象数量庞大，分布范围广	优点是简便易行，适用于较大范围的抽样；缺点是每一段、每一级都会产生误差，总体下来误差偏大

（一）简单随机抽样

简单随机抽样又称纯随机抽样，设总体是 N，抽取 n 个样本。总体 N 是有限的，n 要小于 N 的数量；逐个抽取，不放回抽样；每个样本被抽取的可能性是均等的，都为 n/N。简单随机抽样适用于总体容量有限且总体单位之间差异程度较小的情况。它的特点是只适用于样本数量有限的调查；在一定程度上可以节省人力、物力、财力；如果总体的情况比较复杂，则样本的代表性较差。

简单随机抽样可以分为直接抽样法、抽签法、随机数表法和计算机抽取法等。

直接抽样法，是指直接从抽样框中随机抽取若干单位作为调查样本的方法。比如，直接从农村抽取若干农村留守儿童作为调查样本。

抽签法，将抽样框里面的全部单位做成签后打乱顺序放在一起，进行随机抽取。被抽中的签就是调查样本，一直抽到规定的样本数量为止。

随机数表法，就是用由自然数 0—9 组成的随机数表来随机抽取样本。先对总体所有单位进行编码，然后从随机数表中的任何一栏、任何一行开始抽样。例如，从某学校 30 个专业中，随机抽取 10 个专业进行调查，专业的编码则为 1—30。依照一定的随机数表，假定从第 1 栏第 3 行开始自上而下摘取号码，所得的两位数依次为 16，12，55，16，84，63……凡小于 30 且不重复的前 10 个编号，即为符合要求的抽样编号。

计算机抽取法，是指运用统计软件产生的随机数来抽取样本，这种方法简便且快捷，能在短时间内抽取大量的样本。目前，许多统计软件都有产生随机数的程序。但是，系统数据产生的随机数存在一定的循环周期，为了保证样本的随机性，最好还是使用直接抽样法、抽签法或随机数表法。

论文《消费者对转基因食品认知的实证分析：以武汉市为例》① 中便运用了简单随机抽样的方法对武汉市的消费者进行了研究。本次调查选择了武汉市市中心和远郊的 8 个不同类型的大型购物广场和社区超市作为调查地点，每个调查点均选取 52 名消费者，共发放问卷 416 份，回收有效问卷 397 份。所获样本的性别比例均衡，涉及各行各业、收入不一的消费者。由于老年人一般体质较差、行动不便，外出购物较少，因此，样本中 18—39 岁的中青年占比为 78.8%。另外，武汉市大专院校分布广泛，所以，样本中大专及本科学历的研究对象较多。知识层次较高的中青年一般对 GMF（genetically modified food，转基因食品）这种新生事物比较感兴趣，因此他们的参与有助于此次调查研究。总体来看，该研究的样本分布较合理且具有代表性。

---

① 齐振宏，周慧. 消费者对转基因食品认知的实证分析：以武汉市为例［J］. 中国农村观察，2010（6）：35–43.

（二）系统抽样

系统抽样又叫等距抽样或机械抽样，是指将总体各单位按照一定的次序排列，然后再按照相同的距离或间隔来抽取样本单位。比如在 1,000 名大学生中抽取 50 名大学生进行使用手机情况的调查，便可将这些学生依次编码，用全部的学生人数除以被调查的学生人数，计算出抽样的间距是 20。抽样的起点可以从 20 个人中用简单随机抽样法确定，然后每隔 20 个人抽 1 个人，如第一组抽中的编码是 6，那么抽中 50 个人的编码分别是 26、46、66……直到抽满 50 个人为止。经由系统抽样抽出的单位在总体中是均匀分布的，抽取的样本数量可以少于简单随机抽样。

系统抽样适用于对总体结构有一定的了解，能充分利用已有信息对总体单位进行排列再抽样的研究。系统抽样的优点在于可以提高工作效率，只要编制出了抽样框、计算出了抽样间距、抽取了第一个样本后，基本上整个样本就确定了。系统抽样的缺点在于，容易出现周期性偏差，所以抽样的总数不能太多，还要保证登记完整，否则研究实施起来难度较大，结果也不一定准确。避免产生周期性偏差是指抽样的间距不能与调查对象的周期性节奏相重合。比如，学校每个班级有 20 人，学习委员排第一名，当数据从第一名开始抽取，抽样距离为 20 时，那么抽取的样本就全是学习委员，从而造成抽样误差。

（三）分层抽样

分层抽样又称分类抽样或类型抽样，是把总体的单位按照某种特征分为不交叉的若干层，然后对每一层进行简单随机抽样进而组成样本的方法。例如，调查某个产品在中国的使用情况，可以通过抽取中国不同省份的若干消费者来进行研究。

分层抽样强调内部的异质性，所以分类时尽量划清界限，不要出现混淆、重复或遗漏的情况；每一层内部的差异要小，不同层之间的差异要大；要以调查的主要变量作为依据。分层抽样尽量使用之前已经掌握好的信息，充分考虑样本结构和总体之间的一致性，保证样本的代表性，不然样本的代表性可能会有所降低。

分层抽样的优势在于，当总体是由明显不同的几个部分组成时，分层抽样可以保证研究结果的准确性，在样本规模不断变大的同时还能保证样本的精确度，便于对某一个部分进行更深入的研究；但是，这样做可能会增加任务量并提高成本。

分层抽样可以分为分层定比抽样和分层异比抽样。

分层定比抽样是指根据各类型在总体中的比例而在各类型里随机抽取样本。例如，某市高中学历、大学本科学历、研究生学历共计 10,000 人，其中，高中学历占 20%，大学本科学历占 55%，研究生学历占 25%。要了解不同学历层次的人每天看手机的习惯，分层抽样用到的样本比例应该与上述比例相符，由此推断出的总体特征才有意义。根据比例，如果要抽取 200 人来做调查，那么高中学历的样本数应该为 200 × 20%=40 人，大学本科学历的样本数为 200 × 55%=110 人，研究生学历的样本数为 200 × 25%=50 人。

分层异比抽样是指将人口总体按特征分层后，根据特殊需要，在不同的层次中按不同的比例进行抽样。这种抽样方式适用于各层基本单位之间差异过分悬殊、某些层的重要性大于其他层的情况。也就是说，为了准确反映总体的情况，分层异比抽样人为地加大了重要性样本的数量。

比如，要研究新冠肺炎疫情对某高校学生（本科 40,000 人、硕士研究生 14,000 人、博士研究生 2,000 人）返校进行科研的影响，如果用分层异比抽样的话，就需要提高博士研究生的样本比例。因为，科研工作的主体是硕博研究生，尤其是博士研究生，而本科生承担的科研任务相对较少，所以研究新冠肺炎疫情对科研进展的影响要重点关注博士研究生群体，提高博士研究生的样本抽取比例。

（四）整群抽样

整群抽样又称聚类抽样，是将总体中各单位归并为若干个互不交叉、互不重复的集合（即“群”），然后以群为单位进行随机抽样的一种方法。例如，在进行大学生找工作意向调查时，可以将几所不同的大学作为抽样单位，采用简单随机抽样、系统抽样或分层抽样的方法，对抽中的大学进行调查。各个群要有较好的代表性，群之间的异质性要大。整群抽样要与分层抽样相区别：当某个总体由若干个子群组成时，不同的子群之间差异较大、同一子群内差异不大，则适用于分层抽样；如果不同子群之间差异较小、同一子群内部差异较大，则适合采取整群抽样的方法。

整群抽样的具体步骤为：先将总体分为 i 个群，然后从 i 个群中随机抽取若干个群，对这些群内所有个体或单元均进行调查。抽样过程为：首先，对分群进行标注；其次，将若干个互不重叠的群分为若干个群；再次，根据样本量确定要抽取的群数；最后，用简单随机抽样方法从 i 群中抽取需要的群数。

整群抽样的优势在于可以简化抽样过程，其所选取的样本也比较集中，调查起来相对方便、快捷，可以节省一定的人力、物力、财力和时间成本。整群抽样的劣势在于，调查的样本有可能分布不均匀，导致样本代表性较差，从而造成一定的抽样误差。

在论文《城市化进程中失地农民就业状况对心理健康的影响分析》[①] 里，为了了解失地农民的心理健康状况及其影响因素，为该人群的心理健康干预和制定相关政策提供依据，该调查使用整群抽样的方法，用自编的一般情况问卷与症状自评量表进行了调查，抽取了徐州金山桥社区、茶棚社区两地失地农民共 1,200 人，回收有效问卷 1,041 份。结果显示，在被调查的失地农民中，624 人（59.9%）没有职业。无职业失地农民心理异常率（49.5%）高于有职业失地农民心理异常率（35.6%），失地农民中受教育程度为小学及以下、初中、高中技校及以上的心理异常率分别为 53.1%、41.3%、32.5%。无职业失地农民 SCL–90 总均分、总得分及躯体化、焦虑、忧郁、恐怖因子分均高于有职业失地农民［如总均分（1.39 ± 0.34）vs（1.32 ± 0.33），$P<0.05$］。此次调查得出的结论为：收入低、融入社会困难、与社会其他成员联系少、缺乏社会保障是影响失地农民心理健康的主要因素。有无职业对失地农民的心理健康存在明显影响，应开展并加强对失地农民的心理健康干预活动，提高他们适应社会环境变化的职业技能，维护其身心健康。

（五）多级抽样

多级抽样也被称为多阶段抽样、多阶抽样、套抽样，是一种将总体分为两

① 张训保，卓朗，黄水平，等. 城市化进程中失地农民就业状况对心理健康的影响分析［J］. 中国心理卫生杂志，2009（9）：661–664.

个或者两个以上的阶段并从中抽取样本的方法。[①] 在样本总体比较复杂（如调查对象数目庞大、分布范围广泛）的情况下，就需要通过多级抽样来获取较为准确的样本数值。类别与具体个体之间要保持合适的比例，操作过程要有一定的灵活性。

多级抽样的优势在于简便易行，不需要提供总体各个单位的名单，适用于较大范围内的抽样调查，抽取的样本较为集中，能节省人力、物力、财力和时间成本，抽样方法也更加灵活、多变。但是，多级抽样的每一阶段都可能存在抽样误差，逐级累加可能会扩大研究结果的误差。

多级抽样的具体步骤分为以下几步：第一步，确定所要研究的抽样单位，将抽样框中的单位按照一定的标准分为若干个群体作为第一级的抽样，然后将第一级的抽样进行进一步划分作为第二级的抽样单位。以此类推，可以抽出第三级、第四级、第五级的抽样单位。第二步，抽取各级的样本，按照随机抽样的原则在第一级抽样单位中抽取若干群体作为第一级样本，然后再在第一级样本中抽取出第二级样本。以此类推，可以抽取出第三级、第四级、第五级样本，它们也被称为三段、四段、五段随机抽样。第三步，对最后抽出的样本单位逐个进行调查。

例如，在某大学做大学生媒介依赖情况调查，如果该大学有 20 个学院，每个学院平均有 5 个专业，每个专业平均有两个班级，每个班平均有 50 个学生，那么全校就有 20 个学院，100 个专业，200 个班级，10,000 个学生。如果采用多级随机抽样的方法抽取 5% 的学生做样本，那么具体做法为：首先，确定抽样单位。该学校有学院、专业、班级、学生四个层次，应该采取四级随机抽样方法来抽取样本，确定学院为第一级抽样单位，专业为第二级抽样单位，班级为第三级抽样单位，学生个体为第四级抽样单位。按照多级抽样的方法，先从 20 个学院中抽取 10 个学院，每个学院抽取 2 个专业，每个专业抽取 1 个班级，每个班级抽取 25 人，最终得到 500 个学生样本。

---

① 多级抽样可分为两级多级抽样和多级随机抽样，其中，抽取到二级单元的叫两级多级抽样，抽取到多级单元的叫多级随机抽样。

第三节　非概率抽样

一、非概率抽样的定义

非概率抽样也叫非随机抽样，是指研究者根据自己的主观判断来抽取样本进行研究的方法。它不按照简单随机抽样的原则来获取样本，所以不具备大数定律的存在基础，既无法查证抽样误差，又无法准确地说明样本在多大程度上代表了整体。非概率抽样的样本虽然可以反映总体情况，但是无法从数量上来推断总体的特征。

二、非概率抽样的特点

非概率抽样简单易行，节约成本，在统计计算上也比概率抽样简单，适用于敏感人群的调查研究。但是，因为受研究者的主观因素影响较大，所以非概率抽样并不能完全代表总体。通常，非概率抽样可以辅助概率抽样一起进行调查研究，这样得到的结论会更科学。例如，在大范围内使用分层抽样，具体到某一层的时候便可以使用非概率抽样来作为补充。

非概率抽样被广泛应用在生活中的不同领域，更加适合某些比较特殊、敏感或者专业的领域研究。如果用普通的概率抽样，可能正好抽中的人都不懂这一方面的专业知识，那么这类调查问卷的准确性就会变得很差。

三、非概率抽样的常用方法

非概率抽样分为方便抽样、定额抽样、立意抽样、滚雪球抽样和志愿者抽样等，每一种抽样类型都有不同的侧重点，适合于不同类型的调查研究。在一项研究中，可以同时使用两个或两个以上的方法进行研究，根据它们的适用范围和优缺点来选择最优的抽样方法。

表 3–2　不同类型的非概率抽样对比

抽样类型	定义	原则	适用范围	优缺点
方便抽样	就近偶遇或找（熟）人进行调查	调查总体基本相同	在较短时间内获取所需信息	优点是便捷高效；缺点是样本的代表性较差
定额抽样	分成不同的类别进行主观抽样	不遵循随机抽样原则，可有一个或者多个标准配额	辅助概率抽样一起进行调查，适合在较短时间内获取所需信息	优点是简便易行；缺点是主观性较大，样本的代表性较差
立意抽样	调查人员根据自己的过往经历来选择合适的样本	样本要对相应专业领域很熟悉	适用于某一个专业领域，同时研究者也有相关专业或类似经历	优点是简便易行；缺点是容易受研究人员的主观影响
滚雪球抽样	先调查某几个人，再通过这几个人引出更多的人	总体和个体有一定联系	适用于少见、敏感或容易产生变动的人群，有些问题具有私密性	优点是大大降低调查成本；缺点是样本不具有太强的代表性
志愿者抽样	直接从报名的志愿者中抽取样本	自愿报名，自愿参加	适用于心理学、医学或某些不愿意透露个人信息的调查	优点是节约成本；缺点是样本不能很好地代表总体

（一）方便抽样

方便抽样又称偶遇抽样或便利抽样，是指研究者在面对实际情况时，为了方便地展开工作，就近选择一些容易找到的、愿意填写问卷的人作为调查对象，地点可能是电影院门口、车站门口、公园附近、游乐场附近、学校附近等，如对某一商场附近的人进行的调查或者在图书馆、餐厅请人填写问卷等。方便抽样中调查总体的各个单位大体相同，都具有一定的随意性，适用于探索性调查或调查前的一些准备工作。方便抽样的优势在于可以满足较短时间内获得有效信息的要求，节省成本；其劣势在于样本选取可能不具有很强的代表性，抽样误差较大，可信度较低。

在《中国网络媒体国际受众心理需求与使用行为调查研究》[①] 里，研究者于2015 年 3 月至 5 月，分别在长沙、北京、纽约、伦敦、洛杉矶等地现场采用偶遇抽样方法以及网络受众定量研究方法，对中国网络媒体国际受众的心理需求、

① 向志强，吴婷. 中国网络媒体国际受众心理需求与使用行为调查研究［J］. 传媒观察，2015（12）：18–21.

使用态度和使用行为进行调查，并对调查数据进行统计分析。结果显示，国际受众更期待通过中国网络媒体了解中国信息，主要动机是“文化学习”，特别是“汉字学习”“中国美食文化学习”，不同性别、年龄、宗教信仰以及教育背景的国际受众心理需求差异显著。

（二）定额抽样

定额抽样又称配额抽样，是一种在市场调查的过程中按照某种特征将总体分为若干类，然后再按照一定的比例来分配样本的数额以进行抽样的方法。定额抽样不遵循随机抽样的原则，可以为一个标准配额，也可以为多个标准配额。该方法适用于需要在较短时间内得出结果的研究，可以与概率抽样一起进行。定额抽样的优点在于简便易行，能满足整体分布比例的要求，但缺点是研究人员在定额抽样过程中发挥的主观性较强，易导致样本的代表性较差。

例如，某单位的硕士研究生占职工总人数的 15%，本科生占职工总人数的 50%，专科生占职工总人数的 35%。如果对单位员工的学历与工作业绩之间的关系进行调查，则可以采取定额抽样。当样本的总数是 100 人时，样本的分布情况应为硕士研究生 15 人，本科生 50 人，专科生 35 人；在性别分布上，男性占 60%，女性占 40%，即男性 60 人，女性 40 人。

（三）立意抽样

立意抽样又称判断抽样，是指研究者根据自己的过往经历或主观经验，从总体样本中选择一些比较有代表性的样本作为抽样研究的方法。这些样本不可能也不需要计算误差，凡是具有代表性的样本均可以作为研究对象，这要求研究者具备相应的判断能力。立意抽样适用于研究者在某一领域具有丰富的专业知识和过往经验，也适用于总体单位极不相同但样本数很小的情况，比如对某一类食品的口味测试，可以直接找相关的美食家进行研究。

立意抽样的优点在于调查样本的资源回收率较高，但其受研究人员的主观影响较大，所以对研究人员的专业素养要求较高。

立意抽样多应用于商业研究，比如对金融某一领域的研究，可以直接对相关领域的专家和学者进行研究，而不是选择普通群众，这样更有助于提高结果的科学性。

（四）滚雪球抽样

滚雪球抽样的操作方法为先随机地选择一些研究对象进行提问，然后再根据他们提供的线索找到另外一些属于研究目标范围内的对象，进而扩展研究对象的范围。例如，要研究空巢老人的生活，可以锁定某个乡村区域，通过对几个老人的调查，让他们再介绍更多的老人，这样就扩大了研究对象范围。一般来说，滚雪球抽样的第一批访问者是通过概率抽样得来的，而后的访问者是通过非概率抽样得来的。

滚雪球抽样的总体和个体之间具有一定的联系，适用于低发生率的事件、比较少见或敏感的人群，私密而敏感的问题也可以用滚雪球抽样。这个方法还适用于研究总体不明确、研究对象容易变动的人群或事物。滚雪球抽样的优点是大大降低了调查成本，缺点是选取的样本可能不具有代表性。比如，在公园调查老年人的生活情况，可是有的老年人不喜欢外出，用滚雪球抽样的方法不容易得到"宅家老年人"的数据，所以结果会存在一定误差。

在论文《"滚雪球"抽样方法漫谈》[①]中曾有这样一段描述：寒假期间，（笔者）观看了某综艺节目，那一期的节目主题叫作《寻找哈尔滨本土最漂亮的女孩》。起初这个节目并没有引起（笔者的）注意，但是当主持人说这次活动有强大的理论依据——利用统计学知识的时候，（笔者）就开始注意节目组是用什么样的方法在茫茫人海中找到这个最漂亮的女孩的。结果发现，节目组采用的是"滚雪球"抽样的方法，他们根据哈尔滨常驻的本土总人口数量，运用滚雪球抽样的方法得出结论：找到第 10 个女孩的时候，那个女孩就是哈尔滨最漂亮的女孩。

（五）志愿者抽样

志愿者抽样是指从志愿者中抽取所要调查的样本的方法。这个方法更适合于个人愿意接受的调查，调查质量可以得到一定的保障，但这也意味着样本的代表性取决于志愿者的代表性。志愿者抽样适用于某些心理学或与医学相关的专业调查，不便透露太多个人信息的调查也可用此方法。志愿者抽样的优点在于能节省调查成本、提高调查效率，但缺点在于选取的样本可能不具有很高的

① 耿磊磊."滚雪球"抽样方法漫谈［J］.中国统计，2010（8）：59–60.

代表性。

例如，做一个大学生心理情况调查或者关于大学生恋爱观的调查，便可采用志愿者抽样，遵循自愿参加的原则，通过志愿者整理出一个样本数据，再根据这个数据来反映整体大学生的心理情况或整体大学生不同的恋爱观。

▶本章小结：

1. 在什么时候使用概率抽样，什么时候使用非概率抽样，概率抽样具体使用哪种方法，非概率抽样具体使用哪种方法，在研究某一问题时是一个方法进行到底还是交叉使用多个方法，都要具体问题具体分析，针对每个抽样方法的优缺点选出最适合的方法。
2. 选定好调查对象，在调查过程中要发挥不怕吃苦的精神。在调查过程中可能会遇到调查对象不配合、调查环境恶劣等问题，这些都要求研究者具有较强的心理承受能力和较好的身体素质。除此之外，研究者还应该具备过硬的专业素质，通过各个环节的努力，尽量得出较为准确的抽样结果，为后续的调查研究夯实基础。
3. 抽样调查适用于定量研究，虽然调查的广度和深度会受到很大的限制，但是有利于降低调查研究的成本，提高调查研究的效率。在现代社会里，抽样调查已经得到越来越广泛的应用。随着科学技术的进步，抽样调查会衍生出更多、更好的形式。
4. 抽样调查从一开始就需界定好自己所要研究的群体，以便过滤掉无效的调查对象。
5. 在实际工作中，有时候不可能进行全面的调查，但是又需要了解总体的情况，这时，抽样调查是一个很好的选择。

▶关键术语：

1. 概率抽样：概率抽样又叫随机抽样，是以概率理论和随机原则为依据来抽取样本的一种抽样方法，它使调查总体样本中的每个单位都有同等被抽中的概率，而这个概率可以通过样本设计来实现，比如随机化的操作。虽然随机样本和总体样本之间有一定的差距，但是在一定程度上可以反映总体。

2. 非概率抽样：非概率抽样也叫非随机抽样，是指研究者根据自己的主观判断来抽取样本进行研究的方法。它不按照简单随机抽样的原则来获取样本，所以不具备大数定律的存在基础，既无法查证抽样误差，又无法准确地说明样本在多大程度上代表了整体。非概率抽样的样本虽然可以反映总体的情况，但是无法做到从数量上来推断总体的特征。非概率抽样主要分为方便抽样、定额抽样、立意抽样、滚雪球抽样、志愿者抽样等。
3. 抽样框：全部抽样单位的集合体，并对所有在抽样范围内的调查对象赋予编号。比如，某一年龄段内某一类型人的全部名单，某村进入抽样过程中的全部住宅名单等。调查对象和抽样单位有一致性，但又不一定完全一致，调查总体与抽样框也有一致性，但同样也不完全一致。不同类型的抽样可能会有所区别，其调查对象可能是具体的某个人，抽样单位可能是调查对象所在的集体。
4. 抽样误差：指的是在用样本来推断总体的时候，可能产生的与标准数值之间的偏差。抽样误差是由抽样方法本身所引起的误差。当从总体中随机抽取样本时，抽取样本指标 x 与总体指标 μ 之间产生的偏差即为实际抽样误差。当总体相当大时，被抽取的样本可能非常多，不可能列出所有的实际抽样误差，于是用平均抽样误差来体现各样本实际抽样误差的平均水平。
5. 立意抽样：又称判断抽样，指研究者根据自己的过往经历或主观经验，从总体样本中选择一些比较有代表性的样本作为抽样研究的对象。这些样本不可能也不需要计算误差，凡是具有代表性的样本均可以作为研究对象。立意抽样适用于研究者在某一领域具有丰富的专业知识或过往经验，也适用于总体单位极不相同但样本数很小的情况。立意抽样的优点在于调查样本的资源回收率较高，缺点是受研究者的主观影响较大，对研究者的专业素养提出了更高的要求。

▶思考与研讨题：

1. 在抽样的过程中如何减少抽样误差？
2. 什么是抽样调查？它有什么特点？
3. 在实际生活中如何运用滚雪球抽样法？
4. 分层抽样与整群抽样有何区别？
5. 在抽样中如何将概率抽样和非概率抽样更好地结合起来？

▶延伸阅读：

1. 水延凯，江立华. 社会调查教程［M］. 6 版. 北京：中国人民大学出版社，2014.
2. 吴增基，吴鹏森，苏振芳. 现代社会调查方法［M］. 4 版. 上海：上海人民出版社，2014.
3. 范伟达，范冰. 社会调查研究方法［M］. 上海：复旦大学出版社，2010.
4. 郝大海. 社会调查研究方法［M］. 2 版. 北京：中国人民大学出版社，2009.

第四章　问卷调查

▶章节大纲：

1. 问卷调查法的有关概念；
2. 调查问卷的设计；
3. 问卷调查的六种方法；
4. 实际调查的实施。

▶章节内容：

本章首先介绍了传播学最常使用的实证研究方法——问卷调查法的特点、优缺点和适用范围；其次介绍了调查问卷的基本结构、设计的基本原则及具体步骤；再次介绍了六种最常用的调查方法；最后介绍了实际问卷调查展开的具体步骤。

第一节　问卷调查法的有关概念

问卷调查法是传播学实证研究中最常使用的量化方法之一，它指的是研究者通过一定的途径把统一的标准化问卷送至研究对象，然后对调查问卷进行收集整理并系统分析，最终得出一定研究成果的调查方法。它既适用于探索性研究，又能够用于描述性和解释性的传播研究，拥有突出的特点和明确的适用范围。

一、问卷调查法的特点

问卷调查法是一种实证研究方法，这是它在方法论上区别于其他研究方法的一项重要标志。作为一种实证方法，问卷调查法有着与众多自然科学方法相类似的逻辑程序，还有着与它们相类似的内容结构。在社会研究中，它是一种从宏观的角度出发、采取定量研究的手段、依据客观的验证来认识和说明社会现象的调查研究方式。因此，研究者使用问卷调查法能够获得客观、准确的数据资料，通过量化分析进而得出关于研究对象的实证材料，使最终的数据化结论更为科学、准确。

在研究过程中，问卷调查法有着标准化的研究工具（即调查问卷）和一套系统、科学的研究程序。调查问卷中的问题和选项的设计都是按照一定的原则来编制的，调查问卷的问题要经过严格的信度和效度的检测，从而保证调查问卷的科学性和有效性。研究者对研究过程的可控性较强，研究者事先要进行周密的计划和安排，对具体调查的时间、地点和对象等做出详细的规划，严格按照事先统一设计好的调查方案开展研究，调查后的数据收集与分析也要按照一定的程序和原则来进行。

问卷调查法的过程具有间接性、匿名性的特点。间接性指的是在调查过程中研究的设计者和具体调查的实施者可以是不同的研究者，研究者和研究对象之间可以不用直接见面而保持间接的联系。这样保证了研究对象不会受到研究者自身立场、观点和情绪的影响，使研究获得相对“原生态”的材料，有助于提高研究结果的准确性和客观性。匿名性指的是研究对象在填写调查问卷时一般不要求署名且单独进行填写，这样可以使研究对象免遭外部因素的干扰而自由地表达意见和态度，有助于研究者通过调查问卷掌握真实的情况。

比起其他的研究方法，问卷调查法最大的特点在于它的研究对象往往是具有一定规模的某个特定群体，这种相当规模的样本特征是其他研究方法所不具有的。因此，问卷调查法不关心个案，也不关心研究对象中的特殊情况和例外。

二、问卷调查法的优缺点

问卷调查法具有以下四个优点。

第一，问卷调查法的研究结果是量化的数据，更为直观、清晰。问卷调查法有着严格的研究程序，所收集的材料最终以数据的形式呈现，量化的数据起到了简化的作用，使结果更为准确、直观。

第二，问卷调查法的数据统计与分析更为方便、快捷，计算机技术的进步既节约了数据分析的时间，又提高了处理结果的精确度。

第三，研究者对于研究过程的可控性强，研究者可以根据实际情况具体地规定和限制研究对象、研究时间和研究地点等，大大减少了出现突发情况和意外的概率。

第四，问卷调查法由于研究者和具体的研究实施者可以是不同的人，因此研究对象对研究造成的干扰较小，可行性高。

当然，作为一种研究方法，问卷调查法也有以下缺陷。

一方面，从研究范围的角度来讲，问卷调查法擅长回答“是什么”，适合研究某个群体的行为、观念或态度、特征、期望等问题，而不适合回答原因、过程和个人的心理活动，即“为什么”和“怎么样”等类型的问题，因为问卷调查法得到的信息不够深入，往往流于表面。

另一方面，标准化的问卷无形之中限制了研究对象的回答范围，尤其是当某些问题涉及研究对象自身的观点、看法和信念时。因为研究者事先列出的选项难以完全包含所有可能的答案，问答题的形式又会影响研究者填写的积极性，所以调查问卷结果的客观性和准确性会受到影响。

问卷调查法优缺点明显，操作过程虽易于控制但研究结果也易受影响；操作方便、结果可视化程度高，但收集到的研究材料和得出的研究结论不够深入。

三、问卷调查法的适用范围

从研究对象的角度来看，问卷调查法使用的研究工具是标准化问卷，这就要求研究对象必须能看懂问卷，而研究对象对问卷的回答依赖于自身的知识水平和阅读理解水平，因此，问卷调查法适用于具有一定文化水平的研究对象。

从研究内容的角度来看，问卷调查法多应用于对现时问题的研究。它多是在同一时间点上进行测量，因此并不适合用来证明变量之间的因果关系。虽然偶尔也会有进行多次问卷调查的纵向研究，但受到时间、经费和研究对象的大规模性等限制，所以多次问卷调查的纵向研究并不常见。一般而言，问卷调查法多应用于描述性研究。

从研究目的的角度来看，问卷调查法一方面可以用来描述某一特定人群的态度和意见、社会行为和活动、社会背景等，另一方面也可以用来描述某种事物或媒介与其他观念和社会行为之间的联系。比如，关于“使用与满足”理论的研究经常通过对目标受众群的调查来描述他们使用媒介的“满足”程度。另外，问卷调查法还可用于对社会生活和社会问题的调查、市场调查、民意调查等。

第二节 调查问卷的设计

调查问卷是调查研究过程中用于收集数据和材料的重要工具，其目的是测量研究对象的特征、态度和行为。问卷的设计是问卷调查法中最为关键的一步，也是开展实际调查的重要前提条件。

一、调查问卷的基本结构

尽管实际调查中所使用的问卷各不相同，但它们往往都包含标题、封面信、问题及答案、结束语四个部分。

（一）标题

问卷的标题同文章的标题一样，要以简明扼要的形式说明研究主题、研究对象和研究目的等信息，使人一目了然；同时，写清楚研究的范围和方向，避免用一些模棱两可的词语。通常使用的标题形式有“关于对……的调查”“有关对……的调查问卷”等。例如，“新媒体对大学生社会化影响的调查问卷”这个标题，把研究者、研究对象和研究内容直接表达出来，显得简洁明了。

（二）封面信

封面信类似于文章的前言，它是在问卷开头写给研究对象的短信。它需要解释研究者或研究单位的身份，向研究对象说明调查的目的和意义、调查的主要内容，告知研究对象如何正确填写和回收问卷等，同时向研究对象强调对其信息进行保密，消除研究对象的顾虑。封面信的篇幅虽小，却是调查问卷留给研究对象的第一印象，因此语言应该尽量通俗易懂，简明扼要，少用专业术语和学术词语。质量高的封面信能够激发研究对象参与调查的兴趣，使他们乐于接受调查并认真填写问卷。

亲爱的同学：

你好！

我们正在进行的是一项关于大学生就业问题的问卷调查，我们希望通过这个调查对国家制定就业政策提供科学参考，从而对当前大学毕业生面临的就业难问题产生积极影响。

本项调查主要针对2006年应届本科毕业生。问卷共有24个问题，请认真阅读和回答每个问题。如选项中没有合适的答案，请选择其他或直接填写自己的答案。本次调查问卷无须填写姓名，请根据实际情况回答每一个问题。你的回答将直接影响本项研究的可信度和有效性。谢谢你的理解和合作！

北京大学公共政策研究所

（三）问题及答案

问题及答案占据了调查问卷的大量篇幅，它们是调查问卷的主体部分。问题及答案的设计是调查问卷设计过程中最具有挑战性的一步，它们的质量直接决定了调查问卷本身的质量。

1. 按照问题的内容划分

按照询问的内容，调查问卷的问题可以划分为事实和行为类问题、观念和态度类问题、阐述类问题三类。

第一，事实和行为类问题。

主要询问研究对象自身的特点、社会背景、生活和学习经历等客观存在的信息。这一类型的常见问题主要包括性别、年龄、受教育程度、收入情况、恋

爱 / 婚姻情况等；其主要特点是答案明显、回答迅速。这些问题的主要作用在于对研究对象进行分类和描述。

第二，观念和态度类问题。

主要询问研究对象对某一具体主题或现象的观点与看法，问题的答案通常是主观的，不同的人有不同的感受和评判标准，因此也有不同的选择。这一类问题比事实和行为类问题更加深入，且在大部分调查问卷问题的设置中占较大比重。这类问题的主要特点是：第一，不存在唯一正确的答案，不同的研究对象会持有不同的意见和看法；第二，研究对象并不一定知晓相关信息，他们可能对这些问题没有意见或持“无所谓”的态度；第三，观点和态度具有多维性；第四，这类问题对于题目的措辞、形式和顺序更敏感，因此研究者在设置这类问题时应当仔细斟酌。

第三，阐述类问题。

主要询问研究对象对某些现象或主题所产生的行为或态度的原因，题目中通常包含“为什么”或“原因”等词语。阐述类问题比前两类问题更为深入，回答起来更复杂，研究对象的回答也更为主观。因此，阐述类问题在调查问卷中常以问答题的形式出现。

2. 按照回答及选项的形式划分

第一，按照回答的形式划分。

按照回答的形式，调查问卷的问题可以被划分为开放式和封闭式两种。开放式问题指的是调查问卷仅提出问题，不为研究对象提供具体的回答选项，由研究对象根据实际状况自由进行填写的开放性题目；封闭式问题指的是调查问卷不仅提出了问题，而且提供了所有可能的回答选项，要求研究对象根据实际状况进行选择。在实际调查中，封闭式问题通常会在最后单列出一个“其他”选项。

一般来说，调查问卷中的开放式问题不宜设置过多，因为对于研究对象来说，封闭式问题回答起来更为便捷（只需要选出答案即可）。因为封闭式问题是研究对象在数量一定的选项中进行选择，因此他们的回答清晰、明确。对于研究者来说，封闭式问题便于数据的收集和比较，省时省力。开放式问题的回答则比较烦琐（需要组织语言并具体书写），设置过多会打击研究对象的积极性，也不方便研究者进行统计和分析。值得注意的是，封闭式问题限制了研究对象的思考，尤其当研究对象找不到自己想要的答案时，有可能会随意选择，从而造成误差；开放式问题虽然自由度高，不方便量化，但只要使用得当，就能够让研究对象自由且清晰地表明自己的立场和观点，甚至还可以收集到研究者原先没有预料到的答案，从而使研究问题得以进一步深入探索和分析。

◎开放式问题

请用几句话写出自己关于解决大学生就业难问题的政策性建议。

答案：

◎封闭式问题

你的求职现状是（　）。

A. 已签约　　B. 已有意向但还没有签约

C. 没有找到工作　　D. 不想马上就业　　E. 其他

第二，按照选项的设置方式划分。

通常情况下，问题答案的设置有单选和多选两种形式，当实际情形中同时存在并列的几种可能情况时，就需要研究对象同时选择两种及两种以上的选项以保证结果的准确性和可能性。

◎单选

如果你生了病，一般选择到哪里看病？（　）

A. 村医　　B. 卫生院　　C. 市级医院

◎多选

你认为有效的求职途径是（　）。（可选两个及两个以上选项）

A. 通过家庭和个人社会关系、托熟人　　B. 通过学校提供的信息和推荐

C. 人才招聘会和人才市场　　D. 人才招聘网络

E. 其他

调查问卷中问题及答案的设置有各种各样的形式，除了以上范例中常见的

一般选择题形式外，还有填空式、是否式和表格式等。

◎填空式

请问你的年龄是___岁。

你的家庭人口是___个。

你的家庭年收入是___元。

◎是否式：

你是否已婚？是□ 否□

你的家庭中有无子女？有□ 无□

你家有电视机吗？有□ 无□

◎表格式：

题号	评价项目	非常满意	比较满意	基本满意	不满意	说不清
1	政策法规、办事程序、时限、收费标准公开明确					
2	削减审批事项落实到位，办事手续简便易行					
3	按时限办结，无推诿扯皮					
4	业务熟练，能快速、准确地指导或告知相关事宜					
5	无不作为、乱作为、慢作为问题					

（四）结束语

结束语是调查问卷的末尾部分，可以根据需要添加在调查问卷中。结束语的内容既可以对研究对象表示感谢，又可以设置开放题，征询研究对象的意见、感受，也可以记录调查情况等。

例 1. 对于您所提供的协助，我们表示诚挚的感谢！为了保证资料的完整与翔实，请您再花一分钟时间，翻一下自己填过的问卷，看看是否有填错、填漏的地方。谢谢！

例 2. 您的问卷调查做完了，感谢您能在百忙之中抽出时间协助我们的调查工作，谢谢您的积极参与！祝您学习和生活愉快！

二、调查问卷设计的基本原则

调查问卷的设计既要具有科学性，又要讲究艺术性，标题、封面信、问题及答案和结束语的设计都要仔细斟酌。研究者在具体设计调查问卷时应遵循以下四个基本原则，这些原则对于提高调查问卷的质量有着巨大的帮助。

（一）问题及答案与研究主题保持一致

调查问卷里所有的问题及答案都应当同研究主题保持一致，不问与本研究主题无关的问题。进行有效提问应当是研究者在设计问题时首要考虑的因素，每当列出一个问题，都应当首先考虑此问题是否同本次研究主题相关，是否对研究结果有效，能够得到什么样或哪一方面的结果。如果同研究主题无关，则应当把这一问题去掉。

（二）内容应当全面完整

在设计调查问卷时，一方面，问题应当尽量全面，包含研究主题可能涉及的所有方面；另一方面，有关问题答案的选项也应当完整，要包含研究对象可能出现的所有情况。需要注意的是，内容的全面完整并不是要一味地追求量大、信息多，而是在尽量保证完整的前提下，选择最简单的询问方式，以使调查问卷的长度、题量和难度都降到最小，从而节约调查成本。

（三）语言措辞要简洁通俗

因为调查问卷需要研究对象进行浏览、思考后填写，所以调查问卷的语言风格应当尽量简洁明了、通俗易懂，少用学术词语和专业术语，以便研究对象能够准确地理解问题及答案选项，做出符合自身实际情况的准确回答。

（四）设计要具有可行性

一方面，调查问卷在设计时应当结构分明、层次清晰，为了研究对象在浏览问卷时能够一目了然，研究者可以考虑使用分模块的设计方法；另一方面，调查问卷的设计也要考虑到后期对调查问卷进行分析和处理时的可行性和便捷性等。

三、调查问卷设计的具体步骤

在了解了调查问卷的基本结构后，接下来就要开始正式地设计调查问卷了。设计调查问卷一般包括以下步骤：

（一）确定调查主题、调查目的等信息

在开始设计调查问卷之前，研究者必须先明确调查主题和调查目的。所有的问题都应当紧紧围绕调查主题，所有问题的设计都是为了达到一定的研究目的。根据调查主题和调查目的进一步明确研究对象（在具体实施问卷发放、开展调查时需要接触的对象），因为研究对象所属的社会群体的文化程度的高低决定了调查问卷的问题形式及措辞。如果研究对象的文化程度较高，对有关方面的专业性问题有着独特的见解，则可以适当多设置一些开放性的问题；反之，如果研究对象的文化程度较低，则应当少设置或不设置开放性问题，并尽量使用通俗易懂的语言措辞，避免因研究对象对问题存在误解或不解，从而降低调查结果的准确性。

（二）收集所需资料并进行前期探索性工作

在确定了调查问卷的主题、目的和对象等信息以后，接下来就需要收集有关方面的资料，对涉及的有关概念、理论给予操作化定义。前期的探索性工作，即初步接触研究对象而进行的“摸底”工作，可以使研究者熟悉和掌握一些基本状况，对问题及答案的设计有一个初步的认识，做到“心中有数”。

一般情况下，前期探索性工作是研究者围绕调查主题同研究对象进行的初步接触，在自然交流的过程中留心观察他们的反应、行为和状态等。前期探索性工作往往可以避免在设计调查问卷时出现不符合实际状况的问题及选项，提高了调查问卷设计工作的效率和质量。值得一提的是，现实生活中许多研究者往往为了图方便而忽略前期探索性工作这一步，甚至认为这一步没有必要。其实，进行前期探索性工作对调查问卷的问题及答案的设计能够起到重要的指导作用，是不能忽略的关键一环。

（三）确定调查问卷的内容及形式

这是调查问卷设计工作中最为关键的一步，也是工作量最大的一步。这一步包括确定调查问卷中各个问题及选项的内容、问题和选项的呈现形式（是开放式还是封闭式）。比如，如果是封闭式，则是选择一般的选择题形式还是表格形式，等等。

首先是确定各个问题及选项的具体内容，要保证所设计的问题和调查的主题密切相关，既不能偏离主题，又要避免无关紧要的问题，要能够通过问题得到所需要的信息资料。每个问题都要有意义，可以满足某一方面的目的。其次，在编制问题的过程中，一定要考虑研究对象的知识水平，问题切忌过于抽象或专业，提问方式也要易于被理解和接受。比如，关于“大学生对于社交媒体使用情况”的调查问卷，问题的设置应当紧密围绕大学生对社交媒体的使用，而诸如研究对象对于报纸的阅读或广播的收听情况等问题就不合适，因为报纸和广播不属于社交媒体。

确定好问题及选项的具体内容以后，需要确定问题及回答的形式。在实际操作中，内容及形式往往是同时考虑的。形式的确定既跟问题及回答的内容有关，又跟研究对象自身的特点有关。若研究对象的文化程度高，则可以适当地多设置一些开放性的问题；反之，则需要少设置或者不设置开放性问题。若实际情形中同时存在多种可能，则需要在题目后面注明是多项选择，研究对象要选两个或两个以上的选项。对于态度的调查，比如满意程度、喜爱程度等，适合采用表格的形式，表格更加直观且易于后期的编码和统计。

（四）确定调查问卷的语言及措辞

确定了问题及回答的内容及形式后，接下来需要进一步确定调查问卷的语言及措辞。确定调查问卷的语言及措辞包括确定封面信、问题及答案和结束语，封面信和结束语的措辞应当在谦逊、有礼貌的基础上尽量简洁。

当然，最重要的还是要确定问题及答案的措辞。问题尽量简短，语言必须简明清晰，明确表达所述意思，使研究对象能够清楚领会并理解，避免使用“大概”“可能”“有时候”等含意模糊的词语。语言应当显得态度诚恳且谦虚亲切，有利于提高研究对象合作的积极性。另外，语言还应该同研究对象的文化程度相匹配，避免出现研究对象受文化程度的限制而无法理解问题的情况。

（五）确定各个问题的顺序

确定完问题及回答的内容、形式和措辞后，接下来需要做的就是将各个问题按照一定的逻辑顺序排列出来，排列时条理要清晰、层次要分明，不能让研究对象在填写问卷时感到迷惑。通常情况下要先把问题归类，比如询问态度的归为一类、询问行为或使用情况的归为一类等，然后把这些类别按照一定的逻辑顺序排列出来，再调整同一类别内部各个问题之间的顺序。一般来说，询问研究对象基本情况类的问题会放在最前面；在排列同一类别的问题时，简单题目放在困难题目的前面，有趣题目放在复杂题目的前面，无攻击性题目放在敏感性题目的前面，封闭式问题放在开放式问题的前面，这样循序渐进的设置既有利于研究对象的回忆和思考，又有利于之后的数据编码和统计分析。

（六）确定调查问卷的整体排版

调整问卷整体版式的设置应当尽量简洁、整齐，使研究对象一目了然。如果排版混乱、内容拥挤，则会影响研究对象的积极性，即使其愿意参与调查，也容易看错题目导致耗费的时间更长。调查问卷的排版包括字体样式及大小的设置、问题的编号、行间距和页边距等，清晰、简洁的调查问卷应该是字体大小适当、问题编号清晰、行间距字间距合适的。需要注意的是，调查问卷不宜过长，否则容易使研究对象产生厌倦的情绪，稍长的调查问卷可以采用分模块的排版方式，即把各个问题划分为不同的模块和层次，方便研究对象作答。

（七）试用并不断修订调查问卷

通过以上六步，调查问卷的初稿就已经设计完成，但此时它还不能直接用于正式的调查，必须先对调查问卷进行试调查，如发现不妥之处需要进一步修订。一般来说，可以从研究对象总体中抽选出部分个体，对他们采用同正式调查相同的方法进行调查，然后回收调查问卷并对数据进行统计分析，在分析的过程中对发现的问题和缺陷进行逐个排查、修改，不断地完善调查问卷。另外，也可以将调查问卷的初稿送至该领域的专家、学者等有关专业人士的手中，请他们阅读和分析调查问卷的初稿，指出问题和缺陷所在，继而完善调查问卷。试用和修订这一步是在实际操作中极易被忽略但是却至关重要的环节，它能为正式调查的顺利展开奠定基础。

（八）定稿并打印

逐个排查并修改完调查问卷中存在的问题后，才能对调查问卷进行最终的定稿、打印和装订。一般情况下，调查问卷实际打印的份数应比需要的样本人数多一些，以作为备用。同时，也可以将调查问卷上传到有关网站，利用互联网覆盖面大、传播速度快等优势将调查问卷投送到研究对象手中。上传到网页上的调查问卷同样也要注意格式设置和排版样式。

第三节　问卷调查的六种方法

调查问卷的发放在实际调查工作中有多种方式，大致可以分为访问式调查和自填式调查这两类。访问式调查就是研究者当面向研究对象逐一提问调查问卷中的问题的调查方法，主要包括入户访问、街头随机访问和电话访问。由于访问式调查的研究者能够直接同研究对象接触和交流，因此调查质量普遍比自填式调查更好。但值得注意的是，访问式调查需要把握好时间，如果访问调查时间太长，则容易引起研究对象的厌烦情绪。

自填式调查指的是将调查问卷发送或留给研究对象自己填写，然后研究对象将填写好的调查问卷再反馈给研究者的调查方法，主要包括个别发送问卷、邮寄调查和网络调查。与访问式调查相比，自填式调查能够节省时间、人力和物力，也可以避免研究对象因为和研究者直接接触而受到影响。自填式调查还具有很好的匿名性，能减轻研究对象的心理压力。但是自填式调查问卷是研究对象自己填写的，所以调查问卷的质量和回收率往往难以保证，同时也对研究对象自身的文化程度和理解水平提出了一定的要求。

这些调查方法各有优劣，在实际调查中应该视具体情况选择最合适的方法以保证调查效果。

一、访问式调查法

（一）入户访问法

入户访问法指的是研究者到研究对象的家中同研究对象进行直接接触，逐个提问调查问卷中的问题并及时记录下来；抑或将调查问卷留给研究对象，提前说明填写要求，等研究对象填写完毕后再回收调查问卷的方法。入户访问法能使研究者直接与研究对象接触，这在一定程度上保证了回答率，也使可操作性变得更强。同时，研究者在研究对象的回答过程中，可以对不符合要求的回答予以及时纠正，能较好地控制研究对象的答题过程。但是，入户访问法需要研究者直接进入调查对象的家中进行访问，因此花费的人力、时间及经费更多，对研究者自身的素质要求也更高，需要研究者接受严格的培训和管理。

研究者在入户访问时要注意以下几点：第一，讲文明、懂礼貌，开始前先敲门，获得研究对象的认同和信任，树立良好的第一印象；第二，简明扼要地表明身份并说明来意；第三，在访问的过程中尝试表达认同，在拉近彼此距离的同时把问题说清楚，完整地表达意思；第四，在访问的过程中要注意询问方式，不要给研究对象带来压力；第五，根据研究对象的回答情况及时进行追问；第六，在访问过程中，务必做好记录工作。

（二）街头随机访问法

街头随机访问法指的是研究者走上街头，随机对经过的路人进行访问和调查的方法。研究者既可以把调查问卷交至研究对象手中，让其当面填写，在其填写过程中给予适当的解释和说明，又可以现场将调查问卷中的问题向研究对象进行一一询问并帮其填写。这一方法经常运用在商业调查中，比如调查某些产品的美誉度、使用情况等。一般来说，街头随机访问法更加灵活，既节省了费用又节约了调查时间，但是此种方法是研究者走上街头随机拦截路人，因此调查的样本不具有代表性，且研究对象容易拒绝调查，研究者同研究对象之间的互动也容易影响调查结果。街头随机访问法的调查问卷设计不宜过长，问题及选项的设置不能过于复杂。

（三）电话访问法

传统的电话访问法指的是研究者通过电话直接向研究对象提问并收集资料的方法。具体来说，研究者要随机抽取电话号码，通过电话这一媒介询问研究对象并及时做好记录。在访问时要注意以下几点：第一，电话访问只适用于询问简单的问题，因此应当问题简明化、结构简单化、答案简洁化；第二，询问的逻辑要清晰，条理要清楚；第三，研究者要使用普通话，有耐心、讲礼貌，态度要诚恳且谦虚。

现在，可以利用计算机技术来辅助电话调查，新型电话访问法通常借助“计算机辅助电话访问系统”。这套系统通常由十几台甚至几十台连接成局域网络的计算机组成，每台计算机连有一根直拨电话线，所有计算机都与一台主机相连，主机可以管理、监控每一台计算机的工作情况。新型电话访问法的步骤为：事先把调查问卷录入计算机系统，研究者坐在计算机前，头戴耳机，由计算机随机抽取电话号码并拨号，研究者按照调查问卷上的问题对研究对象进行询问，将听到的答案直接录入计算机。电话访问结束后，直接用相关软件进行数据分析。

电话访问法的优点在于简单易行、效率高，既节约了时间又节约了成本。缺点在于只能询问简单的问题，无法收集复杂问题的相关回答，且回答选项的设置不能过多。此方法缺乏面对面的交流，因此研究者很难判断研究对象回答的真伪。

二、自填式调查法

（一）个别发送问卷法

个别发送问卷法指的是研究者将印刷好的调查问卷交给负责问卷调查的相关人员，由他们将调查问卷逐个分发至研究对象，并由研究对象自行填写的方法。相关人员需向研究对象讲清楚调查的要求、目的等信息，约定好回收的时间、地点和方式。因为个别发送问卷法只需要相关人员将调查问卷交至研究对象并说明填写要求，主要还是由研究对象自行填写，所以这种方法能够很好地降低结果的人为影响。这种方法不仅给予了研究对象足够的时间和空间来回答问题，而且有效地保证了调查问卷的回收率和调查的匿名性。缺点在于研究范围不如邮寄调查和网络调查那样广泛，且由于研究者不在填写现场，因此调查问卷的填写质量不能得到很好的保证。

（二）邮寄调查法

邮寄调查法通常运用在由报纸或杂志开展的读者调查中，指研究者将印制好的调查问卷逐一装入信封，通过邮局寄至研究对象，研究对象填写完成后再寄回给研究者的方法。这一方法在西方国家的调查中比较普遍，在我国则使用较少。此方法费用低廉且节约人力，研究者知晓研究对象的地址并进行邮寄即可，因此，其研究对象的地理范围非常广泛、匿名性高，使结果免受人为因素的影响。但是其最大的缺点在于回收率难以保证，是否填写并寄回调查问卷完全由研究对象决定，而这又由许多外部不可控的因素决定，如是否对调查问卷感兴趣，是否有空闲时间等。同时，即使研究对象愿意寄回填写好的调查问卷，也有可能受到其他一些不可控因素的影响而耽误时间，导致研究时间被拉长。邮寄调查法的另外一个缺点是难以获得研究对象的详细地址或名单。我国的个人隐私受有关部门或法律的保护，因此，对研究者来说，获取邮寄调查问卷所需的研究对象的姓名及详细的地址并不容易。

（三）网络调查法

网络调查法指的是研究者利用互联网发布调查问卷，在网络上随机将调查问卷以弹窗等方式推送至研究对象并邀请其进行填写的方法，有些网站也会将调查问卷附在网页内容的最后，邀请研究对象填写。随着互联网的发展，网络调查法越来越普遍，目前我国已经有许多专业性的调查网站为研究者提供上传问卷的网络平台，给调查研究带来了极大的便利。

利用好互联网开放性、平等性、广泛性、海量性等特点，可以让网络调查法发挥出独特的优势。第一，网络调查是开放的，任何符合要求的网民都可以参与调查；第二，实施网络调查法效率更高，能节省人力、物力和时间；第三，研究者可以充分利用互联网平台的交互性同研究对象进行沟通，研究对象可以及时就有关问题提出自己的建议和看法，这种良性互动可以减少问卷设计的不合理之处；第四，互联网的开放性和海量性决定了网络调查不受时空和地域的限制，任何地区的网民 24 小时都可以参与其中；第五，利用互联网进行调查和收集信息，可以有效地对采集信息的质量实施系统的检验和控制。

网络调查法的缺点在于，此方法同街头随机访问法相似，样本抽取属于随机抽样，代表性不强，研究者不易把控研究对象填写调查问卷的过程，因此调查问卷的填写质量可能不高。

第四节　实际调查的实施

问卷调查法的研究对象经常是大规模的样本，因此需要研究者对研究过程进行严格的组织和把控，有规划地设计研究步骤。概括来讲，问卷调查法的具体实施过程主要包括以下四个步骤：设计前期方案、挑选及培训调查员、展开实际调查、分析数据并完成调查报告。

一、设计前期方案

在开展实际调查前，需要进行详细的规划和设计。首先是确定具体的研究问题，将它以假设（适用于解释性研究，探索性和描述性研究不需要做假设）的形式呈现出来（即做出研究假设），研究者通过后来的实地调查可以进一步验证或推翻假设，从而更好地回答研究问题。其次是设计研究方案，包括规划具体的调查时间、调查地点和调查方法。调查时间既要选择适合研究对象的时间，又要选择研究者方便的时间；调查地点要选择研究对象可能大量出现的地点；调查方法要根据研究对象的特点和调查主题的性质来决定。值得注意的是，研究者在规划具体的研究方案时，除了考虑研究对象及其所处的实际环境等条件外，调查问卷的填写率和回收率也要纳入考量范围内，即选择什么样的时间、地点及方法，研究对象会更乐意填写问卷，且乐于将调查问卷返回至研究者手中。

二、挑选及培训调查员

无论采用哪种调查方法，都要在正式开始之前对调查员进行统一、严格、标准的培训。

在开展培训之前，要先挑选合适的。参与研究的相关人员需要具备一定的基本素质，即对调查主题拥有一定的兴趣和积极性；对待调查工作认真负责、勤奋诚实、不弄虚作假；与人交流谦虚耐心、诚恳认真；具有一定的文化知识水平，经过培训后能了解调查问卷，在实际调查中能理解研究对象的意图并适当地做出解释。一般而言，要根据研究对象的特点和研究主题的性质来挑选调查员。比如，调查有关大学生对某些问题的看法，研究对象是大学生，则调查员也应尽量选择青年，以便在调查时能够给研究对象以亲近感；当调查有关生育、婚姻等问题时，选择女性则更为合适。也就是说，调查员的年龄、职业等同研究对象要有一定的接近性，这样更容易开展实际调查。

挑选完成后，接下来是对调查员进行培训。第一，研究者要向全体调查员介绍调查研究的具体情况，让他们对即将进行的研究有一个初步的认识。第二，在进行具体培训时，既要强调基本要求，又要训练具体调查和访问的技巧。调查员经过培训后应懂得在调查时态度要谦虚、语言要诚恳，对调查对象要有耐心等；要学会作自我介绍、与研究对象交谈、应对突发情况，在调查结束时表示感谢等。第三，各个调查员之间以及调查员同研究者之间要建立起相互联系的机制，研究者要及时了解和掌握调查工作的开展情况，有什么问题或突发情况及时沟通，以保证调查工作的顺利进行。

三、展开实际调查

调查员培训完成之后即可展开实际的调查工作，主要包括通过各种方式接触研究对象，协助他们填写调查问卷并回收，完成数据的收集工作。首先，调查员可以通过某些机构、当地部门或私人关系网等与研究对象取得联系。其次，调查员同研究对象进行接触，调动他们的积极性，请他们填写调查问卷并及时回收。最后，为了保证数据的质量，研究者应当及时掌握调查工作的进展情况，调查员也要主动汇报调查进度，遇到新问题或突发情况及时同研究员沟通。除此之外，为了更好地对调查员进行管理并实施监督，研究者可以建立健全监督和管理的办法和规定，通过实地访问等方法，保证调查工作的顺利开展，提高调查质量。

四、分析数据并完成调查报告

所有调查员的实地调查工作完成后，研究者要将全部调查问卷统一收集起来并编码，准确无误地将数据录入计算机。由于问卷调查法所涉及的数据规模较大，一般都需要利用统计软件进行分析。在数据统计分析完成后，即可开始撰写调查报告。调查报告里既要通过各类图表形式报告最终结果，又要说明研究方法、抽样方式、问卷回收情况等信息，使受众能够全面了解调查情况。

▶本章小结：

1. 问卷调查法是传播学实证研究中最常使用的量化方法之一，它指的是研究者通过一定的途径把统一的标准化问卷送至研究对象，然后对调查问卷进行收集整理并系统分析，最终得出一定研究成果的调查方法。探索性、描述性和解释性的传播研究都能够使用问卷调查法。
2. 问卷调查法的主要特点有：在研究过程中，有着标准化的研究工具（即调查问卷）和一套系统、科学的研究程序；调查的过程具有间接性、匿名性的特点；与其他的研究方法相比，问卷调查法最大的特点在于它的研究对象往往是具有一定规模的某个特定群体。
3. 问卷设计是问卷调查法中最为关键的一步，尽管实际调查中所使用的问卷各不相同，但它们往往都包含标题、封面信、问题及答案、结束语四个部分。在设计问卷时要遵循以下四个原则：问题及答案与研究主题保持一致；内容应当全面完整；语言措辞要简洁通俗；设计要具有可行性。
4. 问卷的设计过程主要有以下八个步骤：确定调查主题、调查目的等信息；收集所需资料并进行前期探索性工作；确定调查问卷的内容及形式；确定调查问卷的语言及措辞；确定各个问题的顺序；确定调查问卷的整体排版；试用并不断修订调查问卷；定稿并打印。

5. 调查问卷的发放在实际调查工作中有多种方式，大致可以分为两大类，即访问式调查和自填式调查。访问式调查主要包括入户访问、街头随机访问和电话访问；自填式调查包括个别发送问卷、邮寄调查和网络调查。
6. 问卷调查法的研究对象通常是大规模的样本，因此需要研究者对研究过程进行严格的组织和把控，有规划地设计研究步骤。概括来讲，问卷调查法的具体实施过程主要包括以下四个步骤：设计前期方案、挑选及培训调查员、展开实际调查、分析数据并完成调查报告。

►关键术语：

1. 问卷调查法：指的是研究者通过一定的途径把统一的标准化问卷送至研究对象，然后对调查问卷进行收集整理并系统分析，最终得出一定研究成果的调查方法。探索性、描述性和解释性的传播研究都能够使用问卷调查法。
2. 开放式问题：指的是调查问卷仅提出问题，不为研究对象提供具体的回答选项，由研究对象根据实际状况自由进行填写的开放性题目。
3. 封闭式问题：指的是调查问卷不仅提出了问题，而且提供了所有可能的回答选项，要求研究对象根据实际状况进行选择。在实际调查中，封闭式问题通常会在最后单列出一个“其他”选项。
4. 访问式调查：即研究者当面向研究对象逐一提问调查问卷中的问题，主要包括入户访问、街头随机访问和电话访问。
5. 自填式调查：即研究者将调查问卷发送或留给研究对象自己填写，然后研究对象将填写好的问卷再反馈给研究者，主要包括个别发送问卷、邮寄调查和网络调查。

►思考与研讨题：

1. 问卷调查法的特点是什么？一般情况下它适用于什么类型的调查

研究?

2. 一份完整的调查问卷通常包含哪几个部分?各部分的注意事项分别是什么?
3. 请简要列出六种问卷调查法各自的优点及缺点。
4. 如果要调查你所在大学的学生对于某个新闻客户端的使用情况,你会选择什么样的调查方式?请选择一个新闻客户端并尝试编制一份调查问卷,与同学讨论,看看其中存在哪些问题。

▶延伸阅读:

1. 巴比.社会研究方法[M].邱泽奇,译.11版.北京:华夏出版社,2009.
2. 风笑天.方法论背景中的问卷调查法[J].社会学研究,1994(3):13-18.

第五章 内容分析法

▶**章节大纲：**

1. 内容分析法概述；
2. 内容分析法的操作；
3. 基于互联网的内容分析法；
4. 内容分析法在传播学中的应用案例分析。

▶**章节内容：**

本章旨在为对内容分析法感兴趣的研究者提供一定的参考和指导。首先，介绍了内容分析法的发展过程、特点以及分类。其次，介绍了内容分析法的操作步骤以及相关分析软件，结合当下最为便捷的数据处理工具（如计算机）展示了基于互联网的内容分析法的一些特点。最后，通过对国内外两个案例的剖析，解读了内容分析法的操作过程，证实了内容分析法广泛的应用性和可操作性。

第一节 内容分析法概述

一、内容分析法的形成与发展

内容分析法作为一种社会科学研究方法，最早萌发于新闻传播领域。在20世纪初，伴随着工业革命的发展，信息流通变得愈加重要和频繁，报纸作为当时最新的大众传播媒介，吸引了一大批研究者投入对报纸的研究之中，其中不乏有学者开始尝试从研究报纸的主题和内容出发，找出大众传播媒介和受众之间存在的一系列关联。早在1926年，美国哥伦比亚大学新闻学院就意识到了报纸与社会的密切关系，开始研究报纸内容。1930年美国政治学家拉斯韦尔就开始研究媒体宣传内容与民意的关系。① 第二次世界大战期间，由于军事需要，拉斯韦尔等人受邀组织了一次"战时通讯研究"。该研究主要是对当时德国公开出版的报纸进行动态的内容分析，目的是获取一些相关的军事机密情报。在此背景下，形成了一套较为成熟的文献内容分析模式。

自从内容分析法被提出以来，学界和业界都试图从各自的领域出发对内容分析法进行定义。1952年，美国传播学家伯纳德·贝雷尔森（Bernard Berelson）最先定义了内容分析法："内容分析法是一种对显性内容客观地、系统地、定量地进行描述的研究方法。" ② 他的著作《传播学研究的内容分析》（*Content Analysis in Communication Research*）的出版是内容分析法地位确立的标志。

约翰·奈斯比特（John Naisbitt）使内容分析方法系统化，他主持出版的季刊《趋势报告》（*Trend Report*）就运用了内容分析法。该书对美国社会变化的动态和趋势进行了深入研究，享誉全球的《大趋势：改变我们生活的十个新方向》（*Megatrends: Ten New Directions Transforming Our Lives*）一书就是以这些报告为基础写成的。

奥利·霍尔斯蒂（Ole R. Holsti）在对包括书面和口头的所有交流方式进行深入研究后指出："内容分析法是系统地、客观地描述信息特征的一种方法。" ③ 他还为内容分析法确定了三个主要目标：描述传播特征、推测传播者的意图和预测传播效果。

克劳斯·克里彭多夫（Klaus Krippendoff）将内容分析法定义为系统、客观和定量地研究传播信息并对信息及其环境之间的关系做出推断的一种方法。④

柯林杰（Kerliger）的定义也很具有代表性：内容分析法是以测量变量为目的、对传播进行系统、客观和定量分析的一种研究方法。⑤

---

① 王曰芬. 文献计量法与内容分析法的综合研究［D］. 南京：南京理工大学，2007：89.

② KRIPPENDORFF K. Content analysis：an introduction to its methodology［M］. Beverly Hills, CA：Sage，1980：1–40.

③ HOLSTI O R. Content analysis for the social sciences and humanities［M］. Reading，MA：Addison–Wesley，1969：35.

④ KRIPPENDOFF K. Content analysis：an introduction to its methodology［M］. Beverly Hills，California：Sage Publication，1980：21.

⑤ 陈阳. 大众传播学研究方法导论［M］. 2版. 北京：中国人民大学出版社，2015：145.

博格（Berg）认为："内容分析法是对资料的特定部分细致、具体和系统地进行考察和解释，以便确定其模式、主题、倾向和意义的一种方法。"[①]

综上所述，内容分析法是一种通过对已有文献等相关资料的收集、分析、推论，最后进行系统化、定量化描述和阐释的一种社会科学研究方法。

20 世纪 60 年代，计算机进入了内容分析法领域，对内容分析法的发展产生了实质性的影响，建立起了基于定性分析的定量内容分析法，从而使内容分析法的应用越来越广泛。[②]

二、内容分析法的特点

（一）系统性

内容分析法的系统性可以从内容和方法这两个方面来理解。内容的系统性是指要分析的对象多为各类文献资料，因此要对文献资料进行系统、严谨的分析，切不可断章取义。此外，通过分析内容所获取的结论和意义必须具有系统性的关联，不能想当然地随意组合和阐释。

方法的系统性主要是指文献资料在搜集和整理时所采用的标准规范性以及分析文献资料时操作方法的规范性和系统性。内容分析法并不是简单地进行文献资料的收集和堆砌，而是需要按照一定的标准和步骤来进行必要的类目划分和信息编码。整个研究的过程只能使用一套程序或方案，因为只有这样才能进行标准化的量化和统计分析，保证所获得的信息数据全面、客观、准确。

（二）客观性

内容分析法是一种非接触性研究方法，不需要与文献资料中的人或物直接接触。正是因为文献资料高度可控，所以内容分析法才避免了许多人为因素对研究的影响，使研究结论具有相对较高的客观性。此外，对文献资料的收集、抽样、分析等都是按照一定的规则和标准来进行的。虽然，前期在选择研究主题、制定标准和划分类目时存在一定的主观性，但是标准一旦成型，后续的操

---

① BERG B L，LUNE H. Qualitative research methods for the social sciences［M］. Boston：Allyn and Bacon，A Pearson Education Company，2001：238.

② 邱均平，余以胜，邹菲. 内容分析法的应用研究［J］. 情报杂志，2005（8）：11-13.

作过程就要按照既定标准进行，这样研究结论才具有相当程度的客观性、代表性和说服力。

（三）定量性

所谓定量性是指通过对收集的文献资料进行统计分析，对文献资料中的信息作出精确、客观的描述。内容分析法注重客观、系统和量化，量化的数据能够更加准确地反映事件的内在规律，与定性分析相比具有明显的优势。

（四）广泛性

内容分析法以过去和现在的一些文献资料，如书籍、报刊、会议资料等为研究对象，只要载体稳定可控，信息资料充足，研究者就可以用内容分析法突破时空的限制，对古今中外的各类相关文献资料进行大跨度、多方面的比较研究。

（五）非结构化程度高

结构化程式是研究过程遵循的标准化程序，抽样方案和测量工具、方法在研究过程中不可更换。在常用的研究方法中，问卷调查法和实验法都是高度结构化的定量方法，而内容分析法是高度非结构化的定量研究方法，在研究过程中，研究者在遵循既定的研究方法上可以根据需要作出相应的调整，因此内容分析法与其他研究方法相比具有较高的灵活性。

三、内容分析法的分类

内容分析法研究的主要内容是不同类型的文本，其使用的前提基于这样一个假设：所有广义上的文化都是可以通过文本来表达和说明的。文化产生于社会实践，所以内容分析都是与社会现实相关联的，运用内容分析法来分析社会问题就具有一定的现实意义。内容分析法对社会现实的研究主要有以下三种方式。

（一）解读式内容分析法

解读式内容分析法，从字面意思来理解就是阅读并且解释文本含义，通过解读文献资料来更精确、更深入地理解其深层次的含义。

解读式内容分析法最初起源于人类学的研究，它试图通过精读、理解并解释文本内容来传达作者的意图。解读式内容分析法要求从整体和更高的层次上把握文本内容的复杂背景和思想结构，从而发掘文本内容的真正意义。这种高层次的理解不是线性的，而是一种循环结构：单项内容只有在整体的背景环境下才能被理解，而对整体内容的理解反过来则是对各个单项内容理解的综合结果。①

这种方法适合于描述客观事实的个案研究，不适合囊括较大和较多问题的研究。诚然，个案研究具有单一性，所呈现的结果也会有偶然性。除此之外，解读的过程是由人来进行的，不可避免地会带有解读者个人的主观态度和倾向。

（二）实验式内容分析法

20 世纪 20 年代末，新闻学界首次使用定量的内容分析法来研究问题，通过把文本内容划分为特定类目，计算每类内容元素的出现频率来描述新闻的内容特征。定量研究方法一般具有客观、系统、定量等特点，这也是定量研究方法的优势所在。不论是定量研究方法还是质化研究方法，都包含一定的定性过程，比如样本的定义、变量的确定以及对结果的解释等，这些都需要定性方法的辅助。尽管定性方法不可或缺，但是仅仅使用定性的方法来解释问题会导致结论缺乏数据的支撑，很难赢得他人的信服和认可。因此，把定性和定量的方法有机地结合起来进行研究是目前比较流行的研究方式，也是值得深入研究和发展的方式。首先，在使用定性与定量的内容分析法时，要充分了解和认识自己所要研究的问题，根据资料和相关的认知来进行推导；其次，在选取样本时务必客观，尽量避免自己的主观意向；再次，在一套完善而稳定的模式和体系中对收集的资料进行有效处理，不能随意变化；最后，用定量的手法来处理资料，得出结论并进行解释。

（三）计算机内容分析法

计算机内容分析法即利用计算机来辅助进行内容分析。计算机作为日常生

---

① 邱均平，邹菲. 国外内容分析法的研究概况及进展［J］. 图书情报知识，2003（6）：6-8.

活中的一种工具，最初的功能就是进行数据的收集和处理。随着科技的发展，计算机技术不断改进、完善，其在数据和资料的收集、存储、处理方面的优势变得更加突出。把内容分析与计算机技术结合起来，制作一套可以进行格式转换和资料分类的系统化模式，就可以有效地实现资料的分类以及更深度的分析处理。目前，国内外学者都在从不同的方向进行尝试，以期形成一套完整的程式。①

四、内容分析法的优缺点

虽然内容分析法可以被分为不同的种类，但是其所具有的特性是相对统一的。根据内容分析法的本质属性可以归纳它的优缺点，帮助研究者更加深入地认识内容分析法，在使用时扬长避短，让内容分析法更好地为研究服务。

（一）内容分析法的优点

1. 一种量化的研究方法

内容分析法与一般的量化研究方法不同，数字不是衡量其研究的直接标准，它要把用语言表示的文献转换为用数量表示的资料，用统计数字来描述分析结果。它通过对文献内容“量”的分析，找出既能反映文献内容又易于计数的特征，从而克服定性研究存在的主观性和不确切性等缺陷，让研究者对文献内容有更深刻和准确的认识。

2. 客观的非接触性研究

内容分析法研究的是文字、图片、音视频等资料，不需要和作者等其他人物接触，因此这种研究方法所带有的不确定因素和受人为因素的影响就相对较少，所得结果也会更加客观。

3. 时间和费用的经济性

内容分析法不需要接触大量的人员，也不需要进行实地调查，更不需要一系列的相关设备，只需要对已有的文献资料进行类目划分并编码，就可以获得

① 在网站 http：//www.textanalysis.info./ 上可以看到关于内容分析法的介绍、应用、网络资源和软件下载。

相应的数据。与问卷调查法、访谈法相比，内容分析法具有无法比拟的便利性和经济性。

4. 研究过程可重复

内容分析法的研究和操作对象是文献资料，针对同样的研究问题，可以采用同样的研究手法重复试验。这样，一方面可以验证结论，防止在研究过程中出现因某些偶然因素而导致的错误；另一方面也不会影响其他研究者的使用和研究。

（二）内容分析法的缺点

1. 研究内容的局限性

内容分析法只适合研究那些明确的、显在的传播内容，不适合处理意识形态、观念、价值、意义等这些含义微妙的概念。

2. 分类编码的复杂性

使用内容分析法需要对大量的内容进行类目划分和编码，前期的准备过程也会相对复杂和烦琐。

3. 研究适用的狭窄性

内容分析法只能够研究那些被记录和流传下来的传播内容，研究范围较为狭窄，研究者的知识水平和理解能力也会影响分析内容的过程。当需要获得的传播内容超出了研究者能力范围的时候，内容分析法就失去了效用。

4. 内在效度的低效性

内容分析法的内在效度不高。因为编码过程是人为的，而每个人都有主观能动性，在研究过程中可能会出现差错，所以内容分析法所得出的结论也可能存在误差。

5. 关联分析的弱因果性

内容分析法是对传播内容的描述，最多能够证明变量之间的相关关系，很少能够揭示因果关系。只有与其他方法配合，内容分析法才能用于解释性研究之中。

第二节　内容分析法的操作

一、内容分析法的软件使用介绍

定量内容分析软件的特点主要是通过建构词典型类目体系对文献资料进行量化处理、对统计数据进行分析，用相应的数字、图形或图表来直观展现研究结论。定量内容分析软件的统计项目主要有词频、词类、上下文关键词（key word in context，简称 KWIC，即按字母顺序显示文中每个词及其上下文）、簇分析（cluster analysis，将类似上下文中使用的词聚成组，又称聚类分析、群分析）和组合词（compound words，词语成对出现的情况）。定量内容分析软件要求内容单元简练明确，无须编码、判断，人为工作仅仅是解释结果。比如软件 CATPAC，该软件能阅读文献资料并输出各类结果，包括简单的分析（如词频）以及对文本主旨的概括，它甚至可以揭示单词的使用模式并输出词总数、串分析点阵图以及交互分析。①

（一）内容分析软件的基本功能

1. 文本输入和处理功能

内容分析法的处理对象是各类文本，因此，内容分析软件必须能导入文本，并且在文本导入后可以进行数据处理和存储，把不同的文本按照一定的标准进行分类管理，在后期按需要进行数据添加、删除、合并等操作。

---

① 邹菲. 内容分析法的理论与实践研究［J］. 评价与管理，2006（4）：71-77.

2. 文本分析和编码分析

所谓文本分析，就是对文本内容中出现的词或文本段进行处理，包括生成词库、创建词索引、统计出现频率以及提供上下文关键词对照等。编码分析则是指生成和维护所有已编码的文本段，基于布尔模型①，根据特定目录体系展示一个或多个已编码文本段、已分组文本段或已筛选文本段，也可将已编码文本段和已分类的关系连接起来。

3. 建构类目体系

创建一个类目定义体系并加以维护，包括定义类目的概念，据此对待分析的文本划分类目，使用数字或者字母等来进行编码，给文本以及代码或已编码文本段添加注释，编制并且合并有关编码表。

4. 输出结果

保存前期使用的类目体系、编码、词典等，为之后的验证等程序提供依据。输出的内容分析结果可以是数据也可以是内容，但最后该结果应该是可解读且有解读意义的。

上述四种功能并不是内容分析软件工具的全部，具体的分析对象所需要的功能也不尽相同。如果分析文本是以音频的形式呈现的，那么内容分析软件就需要具备能对音频进行分析处理的功能，比如能将音频转化成文本的形式。

（二）选择内容分析软件的标准

选择使用何种内容分析软件需要根据实际情况而定。一个合格的内容分析软件需要具备以下条件：

1. 具有强大的文件处理能力

有的文献资料内容较少，一般的软件就可以处理。如果文献资料内容庞杂且数量庞大，那么一般软件就无法处理这种数量级的信息量。因此，研究者在

① 布尔模型是基于集合论和布尔代数的一种简单检索模型，特点是查找那些与某个查询词返回为“真”的文档。在该模型中，一个查询词就是一个布尔表达式，包括关键词以及运算逻辑符。布尔表达式可以表达用户希望文档所具有的特征。

选择内容分析软件时必须考虑自己所需要处理的文献资料的数量级。

2. 根据研究目的和要求

不同的研究者、不同的研究内容、不同的研究目的，都会使选择内容分析软件的标准发生变化。有的人使用内容分析软件是为了对文献资料进行简单收集，但有的研究者则希望通过内容分析软件完成从收集到分析等的一系列过程。

3. 科研预算

科研预算是进行任何研究都不得不考虑的问题，只有在预算范围内进行研究才可以保证研究顺利进行。有些内容分析软件是免费的，而有些则会花费十几万甚至几十万元，因此在选用内容分析软件时必须考虑预算问题。

二、内容分析法的一般过程

（一）确定研究主题

研究主题是研究的灵魂所在，它贯穿整个研究过程，是研究工作的起点。现存的文献资料纷繁复杂，如何选取适合的研究资料需要研究主题的指引。因此，在进行内容分析之前必须先确立好研究主题，务必使主题明确而具体，能够清晰地指示接下来的数据收集工作。在确立研究主题前要查阅大量的文献资料，充分了解相应的研究内容和相关的研究进展。只有这样，在确定研究主题时才能有更多的现实和理论支撑。

（二）界定研究总体

界定研究总体就是确定研究的范围，主要是确定所分析的内容领域和时间界限，包括属性界限、种类界限、周期界限等。所确定的内容领域应该与所研究的内容主题具有逻辑上的一致性。时间界限在内容分析的过程中也必须明确，因为需要研究的文献资料体类庞大，如果一一进行研究，那么势必会耗费大量的时间和精力，增加研究难度，所以，选取有代表性的时间范围十分必要。

在确定时间界限时必须注意两方面的问题：首先，选取的时间必须有代表性，是常态中的一个时间段，尽量避免选取会出现突发和意外情况的时间段。其次，所选取的时间段长度要适中，不可以过短或者过长。如果时间过短，就不能保证现象有充足的发生机会；如果时间过长，就违背了确定时间界限的初衷，如此一来，研究的工作量和复杂程度并没有得到减少和降低。

（三）抽样

抽样是对文献资料进行筛选的一个过程，即选取符合研究主题的文献资料。分析单位是指实际计算的对象，为内容分析法中最重要同时也是最小的元素。此外，抽样之前还要对分析单位进行操作化定义。一般的内容分析法研究，需要从总体中抽取具有代表性的样本。抽样通常涉及以下三种方式：

1. 来源抽样

即对资料的来源进行取样，如选择报纸、杂志、电视节目、书本、演讲稿等中的某一类进行研究。

2. 日期抽样

即选择哪一段时间的资料。例如，要研究某一种教育理论的思想发展规律，则需要按日期对有关刊物论著进行抽样。但在按日期抽样时，必须注意资料的周期性特征。如果以报纸为研究对象，抽样间隔就必须避开 7 或 7 的倍数，因为若以 7 为倍数进行抽样，则会使抽样样本都集中在某一个“星期 ×”。

3. 分析单位取样

即从样本中抽取所要分析的基本单位，如某篇文章、某页、某段。

（四）设计分析维度及体系（确定类目及分析单元）

分析维度又称分析类别、分析类目，即根据研究的需要而设计的将材料内容进行分类的项目、标准、方面或角度。

首先，需要确定分析单位。分析单位一般可以是词、符号、对问题的简单判断，也可以是人物、行为等。在选择分析单位时，分析单位的定义要清晰而透彻，标准明显且易于观察和区分。

其次，确定分析类目。所谓类目就是根据研究假设的需要，把文献资料的内容进行分类。通常，类目的形成有两种方法：一是依据传统的理论、以往的经验或由某个问题已有的研究成果发展而成；二是由研究者根据假设自行设计而成。

为了保证内容分析法的客观性，在设计并确定分析类目时必须注意以下三个方面：

第一，类目必须在进行内容分析之前制定完毕，不能一边分析一边适应性地修改补充。

第二，类目的意义要有明确的限定范围，彼此不能重叠，不可出现分析单元既可放入这一栏目，又可放入那一栏目的现象。在有效的类目系统中，所有的类目都应该具有互斥性、完备性和信度。

第三，分类方法要使每一个分析单元都有归属，不能出现有的分析单元无法归类的现象。

内容分析工作，就是要按预先制定好的类目表格，对分析单元进行系统判断并记录各类目所表现的客观事实。设计分析维度的基本原则有以下几点：

第一，分类必须完全、彻底，能适用于所有分析材料，使所有分析单位都可归入相应的类别。

第二，在分类中，应当使用同一个分类标准，即只能从众多属性中选取一个作为分类依据。

第三，分类的层次必须明确，逐级展开，不能越级也不能出现层次混淆的现象。

第四，分析类别必须在进行具体的内容分析前确定完毕。

第五，在设计分析类目时应考虑如何对内容分析的结果进行定量分析，即考虑如何使结果适合数据处理的问题。

（五）编码和测量

1. 编码

对内容进行编码是指依据某种规则对文献资料的内容进行分类，且将结果用量化的数字形式表现出来。具体来说，编码就是把分析单元纳入类目之中，这既是内容分析研究的核心环节，又是最有挑战性的一步。编码首先需要确定编码单位，其次编制编码表，通常的做法是运用数字来标注不同内容所属的类别并建立起编码库。

2. 测量

测量，就是对编码表进行统计分析并得出结果，是内容分析法非常重要的一步。只有准确地对编码表的数据进行统计，所得出的结果才是可靠的。在进行测量时，最常用的方法是频数计量法。有些情况下还可以借助计算机处理数据，首先对分析单元进行编码，其次把文字语言转换成计算机可识别的符号，最后再使用统计分析方法统计各类别出现的频数、语意强度等。

（六）统计处理

内容分析法中常使用描述性统计，如百分比、平均值、众数和中位数，也使用推理统计，如方差分析、卡方分析。如果分析的是等距尺度和等比尺度类型的数据，则需用独立样本 t 检验、ANOVA 或皮尔逊相关性 r 检验。此外，有些研究者还使用其他的统计分析方法，如判别分析、聚类分析和结构分析。统计处理的工作包括三个部分：

第一，描述统计结果，一般采用图表描述，用平均值和百分比展示结果。

第二，推断统计分析，即根据样本所得数据推断出总体的状况，对总体做出准确的评估。

第三，相关分析和因果分析，即根据所得数据探讨两个现象之间是否具有某种必然的联系。

（七）解释结论

解释结论是依据数据分析结果来回答研究问题。以数字形式呈现的内容分析结果，包括解释数字的含义及其重要性。在进行解释时应该注意两点：首先，阐释结果不能是空洞且缺乏数据支撑的，这样会降低结果的说服力。其次，不能只是一味地陈述数据而不做任何深入的解释说明，研究的目的在于揭示数据背后更加深入、实质性的问题以及问题出现的原因。如果研究者是要检验变量之间关系的假设，其内容分析的结果就应该明确地展示其相关关系。如果研究是描述性的，就需要对内容分析的结果、含义及其重要性进行解释。

（八）效度和信度的分析

在进行内容分析的过程中会存在很多影响研究的客观性和准确性的因素。比如，文献资料的客观性和真实性、内容分析过程中类目的划分以及体系建构的合理性等，这些都会影响最终的分析结果。所以，为了确保研究结果的可靠性，需要对其效度和信度进行检验。

1. 效度

效度是指研究结果与事实的相符程度以及理论研究结果的适用性。如果类目的定义可以很好地反映现实情况、证实结论，则表明该研究结果效度好。效度可以检查测量工具是否有效地测量了研究内容、类目是否严谨且符合要求、分析的程度是否到位。

2. 信度

信度分析是指两个以上参与内容分析的研究者对同一类目判断的一致性。一致性越高，内容分析结果的可信度也就越高；相反，一致性越低，则内容分析的可信度就越低。内容分析必须通过编码员间的信度分析，只有这样才能使内容分析的结果真实、可靠，可信度得以提高。

第三节 基于互联网的内容分析法

一、基于互联网的内容分析法的特点

用计算机分析网络信息文本为管理者和决策者提供了一个监测社会环境的新方法。虽然计算机不可以也不可能完全取代传统的社会科学研究方法，但不可否认的是，利用计算机进行内容分析来评价和监测社会环境确实与传统研究方法相比更有优势，这种方法可观察到社会上发生的重要事件对研究者感兴趣的某方面问题的影响。例如，某国长期宣传一项政策是否会影响国内民众对该政策的认知和态度。

从基于互联网的内容分析法中得到的分析结果可以很便捷地更新，与传统的内容分析法相比更加方便。这个特点在进行趋势分析时尤其明显，因为趋势分析会随着时间的推移而变化，所以利用计算机对随时间发展的内容进行及时的统计分析会更加灵活、方便。

基于这种方法建构的社会监测系统也可扩展至研究其他更多有趣的问题。每当加入一个新的研究问题时，基于互联网的内容分析法都能回溯至之前研究开展的时期进行再次分析，即不受时间的限制，这也是随机调查访问所办不到的。基于互联网的内容分析法可以在第一次研究的基础上，根据需要在更深入、更细致的层面进行扩展分析，从而对问题的关键得出更丰富的认识。①

二、大数据技术辅助在线内容分析法

博易数据团队创始人张荣显提出了全新的网络大数据研究方法——大数据技术辅助在线内容分析法（online content analysis），通过将海量数据采集结构化，辅以网络挖掘，结合机器学习技术、在线内容分析（人工编码、机器编码及机器学习），最终挖掘及分析出具有意义的知识。根据此思路，从一开始的数据采集开始，数据可以是线上数据也可以是线下数据，用 data in（数据输入）来实现 value out（价值输出），即对文本数据进行系统化、客观性和可量化的分析。系统化、客观性、可量化也是量化内容分析的三个主要特征。

通过大数据技术的辅助，研究者可实现对传播来源、传播力度、传播特征、传播内容、传播量度和情绪分析的快速挖掘；而隐性语义、多尺度、多变量等维度则需要通过人工编码来实现。将两者有效结合即可解决研究中的实操问题，也给学术论文提供了理论空间。在线内容分析法在传统内容分析法的基础上结合了机器学习和网络挖掘技术等，在抽样、编码、前测、信度、质量监控、数据分析和可视化等各个阶段均完成了优化，解决了传统内容分析法在质量监控方面不到位等问题，实现了实时监控编码时间、速度、效率等。同时，编码员之间的信度测试也可以在线方式，利用算法快速、便捷地完成。

① 邹菲. 内容分析法的理论与实践研究［J］. 评价与管理，2006（4）：71–77.

三、基于互联网的内容分析法的注意事项

（一）把握好计算机的工具性

计算机是应用于内容分析法的一种工具，研究者要把握好计算机在内容分析法中的使用程度。对于计算机所不能处理的带有不同感情色彩的词语，如那些放在不同语境下就会产生不同意义的词语，就需要我们人为地介入进行编码分析。

（二）信度和效度测量

虽然使用计算机进行的内容分析在处理过程中产生的误差会小于人为操作，但是不排除网络上的某些文献资料是假的这种情况，此时编码就容易出现问题。所以，在利用计算机辅助内容分析时要多方面验证文献资料的真实性，用多种测量方法来确保研究的信度和效度。

第四节　内容分析法在传播学中的应用案例分析

内容分析案例：以视频为研究素材

案例背景：在当今的媒体话语和公众舆论中，城管与商贩已经分别形成了野蛮霸道的执法者与无辜弱小的受害人的刻板印象。但通过对优酷网近200个用户自生产的“城管—商贩冲突”相关视频的内容分析，却得出了与人们日常认知截然相反的结论。城管和商贩作为冲突发起者的比例相似，但城管在冲突过程中往往占据主导位置。城管会在人数明显占优的情况下率先挑起冲突，以徒手攻击作为主要手段，多将冲突控制在身体冲突层面。商贩会在与城管人数相近的情况下率先发难，且一旦挑起冲突，其主导冲突过程的可能性就成倍增加，使用危险器械和随机工具的比例也成倍增加，因冲突而导致的流血和死亡的可能性也大幅度增加。网民对“城

管—商贩冲突”的媒介内容观看主要体现为猎奇式围观而非普遍的观照。通常，文本是内容分析的常见类型，本节所选的案例发表在期刊《新闻与传播研究》[①]上，展示了以视频作为研究素材开展内容分析研究的过程。

一、阐明研究问题或假设

作为一种社会现实，“城管—商贩冲突”有着复杂的社会成因和表现，但作为一种媒介呈现，“城管—商贩冲突”却有着刻板的呈现模式和固定的价值判断。城管往往被固化为蛮横、霸道、残暴的执法者形象，而商贩则被塑造为勤劳、朴素、“一不偷二不抢”、靠自己劳动辛苦谋生的弱势群体。这种脸谱化的形象又嵌合于善与恶、对与错的价值判断中，通过媒体的反复呈现，使人们对“城管—商贩冲突”本身以及冲突双方形成刻板印象。

本研究以优酷网中用户自生产内容（user generated content）所呈现的“城管—商贩冲突”为分析对象，考察这一社会冲突的准事实呈现（semi-factual presentation）。目的之一在于对这一社会现象加以最贴近真实的描述，目的之二在于展示这一现象的现实情况与媒体的刻板呈现以及公众的刻板感知之间的差别。以此为出发点，该研究探讨新闻镜像失真背后的新闻生产规范和价值判断。

研究问题主要有：

RQ1：“城管—商贩冲突”的暴力情景（起因、过程和结果）有何特点？

RQ2：“城管—商贩冲突”的涉事双方有何特点？

RQ3：“城管—商贩冲突”的攻击行为（攻击形式和攻击手段）有何特点？

RQ4：“城管—商贩冲突”视频的内容呈现与生产、传播有无联系？

二、确定研究总体

研究于 2014 年 3 月展开，对优酷网中以“城管—商贩冲突”为标题或主题词的视频进行内容分析。

本研究的研究对象是所有关于“城管—商贩冲突”的网络视频。研究选择

---

① 闫岩，毛鑫. 失真的镜像：对优酷视频中“城管 vs. 商贩”冲突的内容分析.［J］新闻与传播研究，2015（2）：71–88.

优酷网作为视频平台，原因有二：第一，优酷网是我国最早的自媒体视频平台之一，也是目前最大的自媒体视频平台，支持用户上传、分享、收看、转载视频；第二，目前我国各类网络视频平台上的内容高度相似，其他网络视频平台中的视频要么与优酷网视频库大量重合，要么是其子集。基于这两个原因，研究将优酷网作为抽样的视频库来源。

三、选择样本

研究者以“城管打人”“城管暴力执法”“城管—商贩冲突”为关键词，通过优酷网的搜索功能进行搜索，共找到有效视频 936 条。研究者按发布时间将视频从近到远排列，在每页选取两个视频。优酷搜索的默认结果为每页 10 条，于是，研究以一个随机数字 2 开始，每一页选取第 2 个和第 7 个视频作为分析对象。如果每页的第 2 个或第 7 个视频不符合视频选择标准，则顺次递推；如果递推超过 4 项（例如，从第 2 项递推到第 7 项）依旧不符合要求，则向前递推 4 项；如果前后递推均无符合要求的样本，则此页抽样跳过。

视频选择遵循两个标准：第一，视频全部选择非专业记者拍摄的视频。原因在于：一方面，绝大多数“城管打人”的视频都来自非专业记者；另一方面，即便以电视 / 网络新闻方式出现的“城管打人”报道，其内容也几乎全部来自非专业记者。依据此标准将样本生产者限定为普通用户。第二，仅选取包含暴力内容的视频。暴力行为的认定需要同时满足三个条件：发生在两个或两个以上的人之间；以伤害为目的；有肢体接触。

四、选择分析单位

本研究的目的是考察视频中的暴力冲突情况，研究内容包括视频的基本描述属性和视频中的暴力冲突场景。

（一）分析单位 1：暴力冲突视频

1. 发布时间

按视频的发布时间记为四类：（1）一个月之内；（2）超过一个月至一年之内；（3）超过一年至两年之内；（4）两年以上。

2. 访问类数据

视频的优酷指数、点击量、转发量、顶、踩、收藏、评论这 7 项数据均记为编码当日的实际值。

3. 视频时长

记为视频的全部时长，以秒为单位。

4. 暴力时长

从可辨识的肢体接触开始计时，到肢体接触完全结束为止。在包含多段暴力冲突的视频中，如果冲突双方身份不变，则暴力时长记为从第一段暴力冲突起到最后一段暴力冲突止的总时长；如果冲突双方身份发生变化（如施暴者和受害者身份互换），则视为新的暴力行为，以该段冲突的可辨识肢体接触点为起始计时点；对于只展示了冲突结果的视频，将暴力时长记为视频时长；对于只展示了暴力结果的视频，暴力时长记为 0。

5. 暴力冲突起因

暴力冲突的发起者，分别为：（1）城管主动挑起；（2）商贩主动挑起；（3）无法判断，包括没有展示冲突起因和无法分辨冲突起因两类情况。

6. 暴力冲突过程

涉事双方在冲突过程中扮演的角色，分别为：（1）城管为主要施暴者，商贩为主要受害者；（2）商贩为主要施暴者，城管为主要受害者；（3）无法判断，包括双方势均力敌、无法明确区分谁占绝对优势的情况和双方扭成一团、无法判断谁处于绝对优势的情况。

7. 暴力冲突结果

可观察的暴力冲突结果的最严重值，分别为：（1）仅遭受身体攻击，没有可观察外伤；（2）有明显流血特征；（3）昏厥 / 倒地不起；（4）死亡。

8. 暴力冲突涉及者的人口统计学特征

可观察的暴力冲突所涉及的对象的特征。由于“城管—商贩冲突”的主要涉事对象为成年男性，因此，研究只统计了非成年男性的情况，分别包括：（1）受害者是否涉及老年人；（2）受害者是否涉及未成年人；（3）受害者是否涉及女性；（4）受害者是否涉及残疾人。这四类人群的统计均记为“1 = 是”，“0 = 否”。

（二）分析单位 2：暴力冲突参与者

暴力冲突参与者进一步被细分为两类：施暴者和受害者。施暴者是指冲突过程中的主要攻击者，在冲突过程和冲突结果中处于优势。受害者是指冲突过程中的主要攻击对象，或者是被动反抗者，在冲突过程和冲突结果中处于劣势。

1. 施暴者

数量：可观察到的实际涉入暴力行为的施暴者数量。若人数过多且不易分辨，则记为能辨识的最大值。如果施暴者不超过 3 个，则每个人单独编码；如超过 3 个，则选择对冲突涉入最深的 3 个施暴者进行统计。

身份：（1）城管；（2）商贩；（3）无法判断。

性别：（1）男；（2）女。如果有多名施暴者，以多数人性别为准。

年龄：（1）儿童；（2）青少年；（3）成年；（4）老年；（5）无法判断。如果有多名施暴者，以多数人年龄为准。

暴力类型：（1）肢体推搡；（2）肢体攻击；（3）财物破坏。此类目为并列多选项，均记为“0 =无”，“1 =有”，“2 =无法判断”。

暴力手段：（1）徒手；（2）危险器械（棍棒或者刀具等，棍棒是指城管配备的警械，刀具是指商贩所持的伤害性工具）；（3）随机工具（如砖块、木棍、桌椅、货物等）。此类目为并列多选项，均记为“0 =无”，“1 =有”，“2 =无法判断”。

2. 受害者

身份：（1）城管；（2）商贩；（3）无法判断。

数量：可观察到的实际涉入暴力行为的受害者数量。若人数过多且不易分辨，则记为能辨识的最大值数；如果受害者不超过 3 个，则每个人单独编码；如超过 3 个，则选择对冲突涉入最深的 3 个受害者进行统计。

性别：（1）男；（2）女。如果有多名受害者，以多数人性别为准。

年龄：（1）儿童；（2）青少年；（3）成年；（4）老年；（5）无法判断。如果有多名受害者，以多数人年龄为准。

五、对内容进行编码

编码人数：两名编码员。

编码方式：两人独立编码。

编码培训：选取了抽样样本以外的 20 个视频进行分析。

编码员间信度计算：编码间可靠性在 Cohen's Kappa 算法下为 $\alpha = 0.86$，单个变量的编码一致性在 0.74（暴力时长）和 1.00（是否涉及老人 / 未成年人）之间。

六、分析数据

研究共收集有效视频 182 个，上传时间区间为 2008 年 1 月 10 日至 2014 年 3 月 31 日。"最近一个月"发布的视频占 12%，"超过一个月至一年之内"的视频占 40.6%，"超过一年至两年之内"的视频占 22.8%，"两年以上"的视频占 24.6%。"超过一个月至一年之内"的视频数量是"超过一年至两年之内"视频数量的一倍，表明优酷网中关于"城管—商贩冲突"的视频呈逐年增多态势。视频绝大多数来自路人的手机拍摄，也包括 3 例商贩自己的拍摄和 2 例商贩店铺中的监控录像。

（一）研究问题 1：考察暴力冲突的情景特点

频率分析显示，56.5% 的冲突无法明确冲突起因；在那些能够明确冲突起因的视频中，城管（22.4%）和商贩（21.1%）作为冲突发起者的比例是相近的；然而，一旦挑起冲突，城管（76.4%）就成为主要的施暴者（商贩的比例为 13%），且在暴力冲突中占绝对优势；绝大多数的暴力冲突止于身体接触阶段（81.4%），包括推搡和殴打，9.3% 的暴力冲突导致流血，6.8% 的暴力冲突导致昏厥或丧失反抗能力，2.5% 的暴力冲突导致死亡。

研究通过一组卡方测试分析了暴力冲突起因、过程和结果三要素之间的关系。结果显示，冲突起因与结果无关（$x^2 = 1.25$, $p > 0.005$），但起因与过程、过程与结果则显著相关。绝大多数由城管主动挑起的冲突都以城管为主要施暴者；而在由商贩挑起的冲突中，城管作为施暴者的比例降至 60%，商贩作为施暴者的比例则增至 40%。这表明，尽管城管和商贩挑起冲突的比例是相似的，但城管在绝大多数冲突过程中占据主动地位；然而，一旦商贩发起暴力冲突，商贩占据主动的可能性便翻了 7 倍。就冲突结果而言，城管占据主动的冲突绝大多数结束于身体攻击阶段，而商贩占据主动的冲突往往结果严重，60% 止于身体攻击，30% 导致流血，5% 左右导致死亡；与那些城管占据主动的冲突相比，商贩占据主动的冲突带来的流血和死亡的可能性分别翻了 5 倍和 3 倍。换言之，城管出手更有分寸，而商贩出手则往往后果严重。

（二）研究问题 2：考察暴力冲突涉事双方的特征

绝大多数冲突在成年人之间发生。城管全部为成年男性。商贩中，有 44.7% 涉及成年女性，11.8% 涉及老年人，1.9% 涉及儿童，1.2% 涉及残疾人；17.6% 的女性作为施暴者参与或主导了暴力冲突，还有 1 例儿童和 1 例老年人作为施暴者参与了冲突。女性、老人和孩子涉入的冲突均停止于身体攻击阶段，流血和死亡的情况仅发生在成年男性之间的冲突中。

（三）研究问题 3：考察暴力冲突的攻击行为

在攻击形式方面，几乎全部的冲突都包含肢体推搡（93.7%）和肢体攻击（92.4%），30% 涉及财物破坏（35.8%）。攻击形式与冲突情景、角色面向均无显著联系，这表明暴力冲突一旦产生，便体现出以肢体冲突为主、财物破坏为辅的普遍性模式，这个模式的形成不受其他要素影响。

（四）研究问题 4：考察“城管—商贩冲突”视频的内容呈现与其生产和传播的关系

就视频生产而言，所有分析的视频中，有 11.5% 以“城管打人”等为标题或标签的视频并不包含暴力内容。这呼应了此前徐丽君、曾来海、潘金元等的研究——UGC 存在一定程度的夸大性。当网民上传自己拍摄的视频时，10% 左右的人没有根据视频内容忠实命名，而是以夸张式的标题吸引点击量。

▶本章小结：

1. 内容分析法起源于“二战”期间的军事情报研究，是一种对于传播内容进行客观、系统和定量描述的研究方法，具有系统性、客观性、定量性、广泛性与非结构化程度高的特点。作为一种研究社会现实的科学方法，内容分析法主要包括解读式内容分析法、实验式内容分析法和计算机内容分析法三种方式。
2. 内容分析软件的基本功能包括文本输入和处理功能、文本分析和编码分析、建构类目体系、输出结果；在选择软件时应该根据研究的实际需要，并遵循以下标准：具有强大的文件处理能力、研究目的和要求、科研预算。
3. 内容分析法的一般过程为确立研究主题、确定研究范围、内容抽样、确定类目及分析单元、对内容进行编码和测量、统计处理、解释结论，最后进行效度与信度的分析。
4. 与传统研究方法相比，基于互联网的内容分析法在评价与监测社会环境时更具优势，得到的分析结果也能便捷地更新；同时，基于这种方法建构的社会监测系统也可扩展至研究其他更多问题。在进行基于互联网的内容分析时需注意把握好计算机的工具性以及信度和效度的测量。

▶关键术语：

1. 编码：依据某种规则对文献资料的内容进行分类，且将结果用量化的数字形式表现出来。

2. 抽样：是对文献资料进行筛选的一个过程，即选取符合研究主题的文献资料。
3. 编码员信度：两个以上参与内容分析的研究者对同一类目判断的一致性。

▶思考与研讨题：

1. 什么是内容分析法？它为何常用于研究媒介内容？
2. 试简述内容分析法的一般步骤。
3. 如何测定多个编码员间的信度？
4. 基于互联网的内容分析法的特点有哪些？什么是大数据技术辅助在线内容分析法？

▶延伸阅读：

1. 闫岩，毛鑫. 失真的镜像：对优酷视频中“城管 vs. 商贩”冲突的内容分析［J］. 新闻与传播研究，2015（2）：71–88.
2. 陈娟，李金旭. 作为冲突的调节者:《人民日报》(1978—2018)医患报道的内容分析［J］. 现代传播，2020（12）：74–79.
3. 林颖颖，刘娜. “少年的烦恼”如何被看见？——我国青少年心理健康报道的内容分析与框架研究（2012—2019）［J］. 现代传播，2021（5）：53–57.
4. 何晶. 传统主流报纸对农民工“讨薪”事件的媒介呈现分析（2002—2015）［J］. 国际新闻界，2018（10）：113–133.

第六章　实验法

▶章节大纲：

1. 实验法的发展与应用；
2. 实验法的分类与比较；
3. 实验的整体设计及操作过程；
4. 与实验有关的一些现实问题。

▶章节内容：

本章的第一节介绍了实验法的缘起和发展历程，包括实验法在自然科学领域和社会科学领域的发展状态，实验法存在的必要性和实验法的定义、特点、具体要素。第二节从现有的几种实验类型着手，具体分析了各种类型的实验法并进行了比较。第三节则包括整个实验的设计和具体操作过程，如参与从实验设计到实验报告撰写的全过程，如何完成一场完整的实验等。第四节则从现实的视角来看待实验，介绍如何在实施过程中解决可行性问题、伦理道德问题等。

第一节　实验法的发展与应用

一、实验法的缘起及在各领域的发展

实验法作为探究某个事件、某种结果的确切成因的一种实证方法，能够更为精确地分析某几个要素之间相互影响、相互作用的因果关系，给人们带来更为科学的实证解释。无论在自然科学领域还是在社会科学领域，实验法的地位

都是不容小觑的。

实验法作为一种实证研究方法，是最重要的自然科学研究方法之一，其最早出现在17世纪的生物实验中，经典案例有英国生理学家威廉·哈维（William Harvey）对血液循环的实验，比利时化学家、生物学家、医生扬·巴普蒂斯塔·范·海尔蒙特（Jan Baptista van Helmont）的柳树实验研究等。但那时的实验生物学并未得到开发，直至19世纪，物理化学相对成熟之后，生物科学实验才有了较为坚实的研究基础。至此，其他自然科学领域纷纷将实验法引入研究当中，近年来实验法在心理学、传播学领域受到越来越多的关注。

（一）实验法在心理学中的应用

谈及心理学领域的实验法研究，不得不提到威廉·冯特（Wilhelm Wundt），正是他创立了第一个心理学实验室。由此，"科学的"和"实验的"这两个词便成为心理学的核心含义。从这一角度而言，是冯特将心理学变成了一门实证科学。

在冯特之前，著名的实验心理史学家埃德温·加里格斯·波林（Edwin Garrigues Boring）和杜·舒尔茨（D. Schultz）曾分别表示，"把实验法应用于心理问题是心理研究史上无可比拟的杰出事件"，"现代心理学与它智慧的先驱者的重要区别，不在于所提问题的种类，而在于探索答案时所用的方法"。[①]

的确，约翰·弗里德里希·赫尔巴特（Johann Friedrich Herbart）曾首次宣称心理学是一门独立的科学，但因为心理学缺少实验法的支持，故这一说法在当时并未得到承认。后来，另外一些从事心理学研究者，虽然使用了实验法，但并没有把该方法引入心理学的研究中。直至1875年冯特到莱比锡大学任教，在继承了米勒等人的实验法的基础上，建立了第一个心理学实验室，实验法在心理学研究中才真正得以生根发芽。

实验法发展至今，在现代心理学中主要分为两种，即自然实验法和实验室实验法，通常所说的心理学实验法是指实验室实验法。实验法的主动性、可控制性和可重复性等特点，便于精确地揭示心理学的科学规律，使其成为研究心理学的一种基本方法。

---

① 舒尔茨. 现代心理学史［M］. 沈德灿，等译. 北京：人民教育出版社，1981：1.

与传统的心理学实验相比，如今在心理学领域比较流行的是借助眼动仪进行的心理实验研究。

延伸阅读

EVM3200 型眼动仪是由控制单元、光学头、场景摄像机等部分组成的一个仪器系统。控制单元包括眼动仪的主机和计算机，其功能是对被试的眼动资料进行记录、计算并加工处理相关数据。光学头是眼动仪的输入端，包括两台摄像机和其他光学部件，功能是输入被试看物体的眼动信息。场景摄像机的功能是把被试视野中的图像输入主机并显示在场景监视器上。EVM3200 型眼动仪使用方法简单，可以在被试自然观察时记录其眼动资料，如一个特定区域的注视点数、扫视距离、注视的总时间、平均瞳孔直径等。这些性能在很大范围内满足了视觉认知研究的需要。①

（二）实验法在传播学中的应用

传播学研究中使用的实验法一般指控制实验法，最早被应用于 19 世纪 70 年代的心理学研究领域。20 世纪 20 年代末，佩恩基金的一项“电影对儿童的影响”研究，使得传播学实验研究的雏形得以形成。

在第二次世界大战结束前后，著名的心理学家、传播学四大奠基人之一、以研究社会交往及态度信念改变见长的霍夫兰，协同一大批传播学者和心理学家进行了大量的实验。其中，以霍夫兰所在的地理位置划分的著名实验有“霍夫兰在耶鲁”“霍夫兰在五角大楼”“霍夫兰重返耶鲁”等。总体来说，霍夫兰不仅细致地研究了“态度与说服”这个主题，而且提出了许多影响深远的理论。至此，实验法在传播学领域的发展达到了一个高峰。可以说，在那个时代，实验法已经成为传播学主流的研究方法之一。

20 世纪六七十年代，受社会学、社会心理学等社会科学的影响，选择性理解、电视和社会学习等实验也出现在了传播学的研究中。后来，社会调查、定性研究、批判研究、文化研究、参与性观察以及文本分析等方法的介入，使传

① 阎国利. 眼动分析法在心理学研究中的应用［M］. 天津：天津教育出版社，1998：31–49.

播学实验研究的主流地位受到了强有力的挑战。但是，实验法始终未被彻底撼动，其至今仍是传播学研究的重要方法之一。

延伸阅读

一、佩恩基金研究：电影对儿童的影响

·实验背景

兴起于美国的两个潮流：科学的方法在社会学、心理学、教育学研究中被确认；人们对于新兴的电影的影响的关注度迅速增加。

·一个重要的条件

社会科学的成熟，尤其是量化研究技术的应用越来越受到重视。

·必然性

20世纪20年代中期，电影业的压力越来越大。大量社论、宗教言论、杂志文章和其他形式的公众批评指责电影对儿童产生了负面的影响。

·实验时间

1929—1932年，时间为3年。

·实验研究人员

1928年，电影调查委员会的理事威廉姆·H. 肖特（William H. Short）邀请了一大批心理学家、社会学家和教育学家来设计一系列研究，评估电影对儿童的影响。

一个私人慈善基金会——佩恩基金会答应提供经济援助，研究结果分为10卷，于20世纪30年代初出版。

·实验调查对象

第一类：目的是评估影片的内容并确定受众的数量和构成。

第二类：目的是试图评估电影的主题和信息对受众的影响。

主要的效果研究包括：电影对信息获取、态度改变、感情刺激、健康损害程度、道德水平的侵蚀程度、对行为的影响。

·两个重要的调查

（1）态度的改变

由鲁斯·C. 彼得森（Ruth C. Peterson）和L. L. 瑟斯顿（L. L. thurston）

主持调查，希望通过系列实验，研究电影能在多大程度上改变儿童被试者对特定问题的看法。一般而言，研究中所说的态度，是儿童被试者对被选出的人种、民族和社会问题的倾向。研究的总体策略非常直接，使用成对的对比量表，对儿童被试者的态度进行测量。

一些电影确实改变了儿童被试者的态度，年纪越小效果越明显；看两三部涉及同一问题并且观点相同的电影比单独看一部电影所施加的效果要明显；由电影引起的态度改变会持续很长一段时间。

（2）电影和行为

社会学家赫伯特·布鲁默（Herbert Blumer）收集了1,800多个青年男女、未成年人和儿童的自述，以期找出电影如何影响了他们儿童时代的游戏、对成年人行为的模仿，也探究了他们的白日梦、情感经验和生活方式在多大程度上受到了影响。

·总体结论

（1）对儿童游戏的影响

几乎所有的被试者都报告说，电影是自己获得游戏灵感的丰富来源。他们不仅扮演银幕上的角色，而且把电影中的情节作为自己的游戏内容。

（2）青少年的模仿

青少年电影受众模仿电影中的行为、言谈举止和社交技巧等，并且这些行为已经与青少年电影受众的日常行为融为一体——电影中不同年龄段的人让他们的行为方式显得更有吸引力和更加成熟。

（3）白日梦和幻想

电影是青少年做白日梦和幻想的丰富素材库。

（4）情感占有

这一概念指个人的情感被强烈地唤起，以致他或她失去了某些自控的能力。

（5）其他情感的影响

如一般意义上的恐惧和兴奋。

（6）长期的影响

“意义”理论和模仿理论。

·佩恩基金调查的重要性

在把媒体调查变成一个严肃的科学研究方面做出了拓展性的努力，各种学科加入了研究，预示着其未来的发展态势；把许多不同的技术融合到一种研究中，也为未来的发展指出了方向。

佩恩基金的该项研究无疑让我们对20世纪20年代电影对儿童的影响有了一个正确的认识。电影在当时能改变人们的态度，是提供行为的榜样，也决定人们对生活的看法。它既可能强化社会道德的影响，又会产生让当时成人担心的一些影响。①

二、"霍夫兰在五角大楼"实验：电影对新兵的影响

·研究时间

第二次世界大战期间。

·研究问题

评价军训题材的电影对于士兵的说服性效果。

·实验素材

《我们为何而战》《英国之战》等影片。其中,《我们为何而战》使用了大量促使美国卷入战争事件的新闻镜头;《英国之战》则描述了英德两国的战斗，提示了英国的英勇抵抗为美国赢得了宝贵的备战时间。

·实验对象

2,100名美国士兵。

·实验方法

研究小组采用了"实验组控制组前测后测实验"方法，将实验士兵分成观看电影的"实验组"和不看电影的"控制组"。实验组在看电影前后分别填写了问卷，控制组只在实验组看完电影后填写了问卷。经过总结、比较实验组和控制组的统计结果，研究小组发现两组之间的差异为6个百分点，即两个组别在统计上有显著差异。

·研究结论

影片在传达有关《英国之战》的事实信息方面非常有效，在改变士兵

① 洛厄里，德弗勒.大众传播效果研究的里程碑：第3版［M］.刘海龙，等译.北京：中国人民大学出版社，2016：13-27.

对战争的特定看法上也有一些效果，但在激励士兵战斗意志方面基本没有效果。

·研究评价

这一实验的开展标志着传播学控制实验法的成熟。

在方法上，霍夫兰等人弥补了佩恩基金会研究中存在的弊端，在研究中加入了控制组，通过实验组和控制组之间的控制对照和前后对比，揭示了变量之间的因果关系。

在内容上，此次研究否定了之前的“子弹论”，揭示了传播效果的形成并不简单取决于传播者的主观愿望，而是受传播者、受传者、信息、传播技巧等多方面因素的影响——此实验是“耶鲁说服实验”最早的实验研究。[①]

三、耶鲁说服实验：传播各要素对传播效果的影响

·研究时间

1945—1961 年。

·实验研究人员

霍夫兰等。

·研究内容

传播的说服作用，包括传播者的信度、信息的内容和结构、受传者的社会和个人属性、反应形态等各种因素对传播中说服效果实现的影响。

在此，我们具体介绍“传播者信度”研究。[②]

（1）阅读材料四则

关于抗生素药品无医生处方能否市销、美国近期制造原子潜水艇的可能性、钢铁供应不足的责任归属、电视普及是否会导致电影院减少这四项内容。

这四项内容在当时社会具有相当的争议性，研究者在这四项内容上各自选择了一个高可信度的信源和一个低可信度的信源。

① 洛厄里，德弗勒. 大众传播效果研究的里程碑：第 3 版［M］. 刘海龙，等译. 北京：中国人民大学出版社，2016：85-117.

② 以下研究对象、研究素材、研究方法、研究结论均是针对“传播者信度”的实验而言。

（2）问卷研究方法

将研究对象分为“对照组”和“实验组”，让两组阅读同样主题的材料，但是文章的来源不同：一组接触高信度信源，另一组则接触低信度信源。阅读之后，对两组研究对象进行问卷测试。结果表明，接触高信度信源的实验对象在读过文章后，意见大为改变。4周以后，再次对两组实验对象进行同样的问卷测试。结果表明，信源信度的影响力消失了，即接触高、低信源的两组实验对象的态度改变几乎相等。

（3）研究结论

可信性效果：信源的可信度越高，其说服效果越大，反之则越小。

信源的可靠性对信息的短期效果具有极为重要的作用。但从长期效果来看，信息内容本身才是最重要的决定因素。信源信度的影响力在传播进行时最强，随着时间的增加，其影响力会越来越弱。

（4）研究评价

“耶鲁说服实验”是大众传播研究的发展和深化。首先，在内容上，其探讨了“说服人的过程是大众传播研究重要的组成部分”这一课题。“耶鲁说服实验”提出的一系列概念、假设和具体的结论，如信源的可信性效果、休眠效果、恐惧诉求等，均成为后来传播学研究的重点。

其次，在方法上，“耶鲁说服实验”本身是非常严谨、无可挑剔的。但有些学者也提出了异议——实验是在严密的实验室里进行的，其结果不一定能推及复杂的社会环境中。“耶鲁说服实验”中形成的假设和结论，还有待于进一步研究考证。

四、其他实验：选择性理解实验、电视与儿童社会学习的实验等

（1）选择性理解实验

“选择性理解实验”包含3个子项目：“假设与理解”“文化背景与理解”“态度与理解”。

在“假设与理解”的实验中，研究者通过“单筒望远镜变形室”实验，证明了理解是建立在人已有的假设基础上这一假设。

在“文化背景与理解”的实验中，研究对象在“双筒望远镜竞争”的实验中，表现出更乐于接受两幅图画中接近本国文化的倾向。

在“态度与理解”的实验中，研究者让两个学校的学生同时观看这两个学校足球队的比赛录像，然后进行测试。结果发现，两校学生分别记录的同一队的犯规次数是不同的，本校记录的犯规次数平均为4.3次，对方记录的则是9.8次。由此看出，不同立场、不同态度的人，对于同一事件的理解是有差别的。

（2）电视与社会学习的实验

电视刚刚普及的时候，人们仅仅把它当作一种娱乐工具。从20世纪50年代起，施拉姆等人开始就电视对儿童生活的影响展开了研究。研究表明，电视在儿童生活、学习和社会化过程中都发挥着极其重要的作用。

在一系列关于电视和儿童的研究中，最著名的是“电视与儿童社会学习”的实验。该实验包含两方面的内容：“侵略性行为的学习”和“有利于社会行为的学习”。实验结果显示，电视中的内容，无论是侵略性的“坏”内容，还是有利于社会的“好”内容，儿童在观看以后，都会产生模仿和学习的行为。

传播学者在研究“把关人”理论的同时，也曾使用控制实验的方法得出一些结论。勒温在研究“采用什么样的传播方式才能最有效地引导人们改变旧的饮食习惯”这一问题时就使用了实验法。他选择了一群家庭主妇为研究对象并把她们分成两组：一组听关于营养内容的演讲，这个演讲展示了新食品的经济优势和营养价值，包括用新的食物烹调佳肴的办法；另一组接受的则是讨论式授课，这种课堂给予的信息与演讲条件下给予的信息一样，但小组成员会在一起讨论，并且被要求举手表明她们是否会在下个星期采用新的食谱。实验结束几个星期后的跟踪调查表明：在只听过演讲的一组中，只有3%的人（已经）烹饪了以前从未做过的肉类中的一种；而在经过小组讨论的家庭妇女中，则有32%的人（已经）烹饪了以前从未做过的肉类中的一种。也就是说，互动的人际传播比单向的大众传播作用更明显。

二、社会科学领域的实验法存在的必要性

从实验法创立到其在自然科学领域的广泛应用，再到被社会科学领域的各个学科引进并得到长足发展，可以说实验法使各个学科的研究更具科学性，

"实验法"自身这一研究方法也越发成熟。虽然实验法在学术界已经得到了各领域的认可，但是在大众眼中，情况却不那么乐观。一提起"实验法"，大家的刻板印象便会作祟，自觉地将科学实验法与自然科学实验归为一类，进而轻视甚至抹杀社会科学研究应用实验法的必要性。其实，这不仅是对实验法的误判，而且是对社会科学学科的误解。

王从章和胡建在《对社会科学实验的几点认识》中指出，社会科学和自然科学一样，都有客观规律需要被探索和应用。"尽管社会生活中的现象怎样复杂，都能成为例如生物学一样的准确科学，能够用社会发展的规律来供实际的运用。而这种对客观规律的探索和运用，又离不开社会科学实验。我们通常所说的典型调查、解剖麻雀式、点对点以及以点带面等都具有社会科学实验的性质。或者说，它们都是探索和运用社会发展规律来指导实际工作的科学实验方法。"①

张红在《关于自然科学方法用于社会科学的思考》中这样描述："自然科学研究自然界，社会科学则以人类社会作为研究的对象。由于研究的对象不同，研究方法也不同，从而形成了两门科学各自独立的体系。20世纪以来，自然科学的发展取得了许多划时代的重大成果，也产生了许多行之有效的研究方法。但是，因为社会科学的研究对象具有高度的复杂性，所以社会科学的研究远比自然科学困难。要想在社会科学研究方面取得实质性的进展，其研究方法尤其需要取得突破。现代科学的发展，使自然科学和社会科学呈现出显著的交叉发展趋势，科学间的交叉融合在其研究方法上必将得到充分的体现。'他山之石，可以攻玉'。自然科学方法可以为研究社会现象提供有益的启示。随着改革开放，国际交流合作的增多，先进的自然科学方法用于社会科学的最新成就迅速进入中国。自然科学方法用于社会科学必将形成不可逆转的时代潮流。"②

"没有实验，便没有科学的发展。这话对自然科学适用，对社会科学也是同样适用的。如果说在马克思主义开创真正社会科学的时候实验机制还不甚发达的话，那么，在一百多年后的今天，实验之于社会科学理论的创造已经是不可或缺的了。特别是进入了科学技术发达的现代社会，社会科学与自然科学交叉渗透，逐步呈现出综合化、实践化、数学化、'大科学'化的趋势，使得社

① 王从章，胡建. 对社会科学实验的几点认识［J］. 浙江学刊，1984（4）：97-99.

② 张红. 关于自然科学方法用于社会科学的思考［J］. 四川师范大学学报（社会科学版），1999（2）：38-43.

会科学领域也在一定意义上获得了科学实验的手段。在这种情况下，社会科学研究只靠书、纸、笔的时代也就一去不复返了。”① 都本忱在《社会科学实验论》中这样认为。

因此，社会科学领域的实验应用不仅合理正当，而且十分有必要。因为社会科学领域的研究对象是人，是社会，有着更强的社会性和复杂多变性。只有将科学的实验法运用到社会科学研究当中，实验研究结果才能更具科学实践性和真实有效性，才能更好地服务人民、服务社会。正如辛秋水在《论社会科学实验对社会发展的重大意义：来自社会科学实验前沿的报告》中指出的那样，社会科学研究完全可以进行实验研究，其现实意义丝毫不亚于自然科学领域，甚至更具全局性、整体性。②

三、实验法的定义、特点、具体要素

《社会研究方法》是这样定义实验法的：“实验法是一种能让研究者探索因果关系的观察方法，社会研究中很多实验都是在有一定控制条件下的实验室里进行的。不过，实验法也可用来研究自然事件或社会事件产生的效应。”③

美国学者 D. K. 贝利（D. K. Bailey）认为：“实验是试图显示一个或多个自变量与一个或多个因变量之间存在的因果关系的高度受控方法。”④

著名传播学家坦南鲍姆（Tannenbaum）也给出了一个更精准的定义：“实验是系统地操纵一至数个假定有关的自变量，在客观状态以及固定其他自变量的可能干涉影响的条件下，观测其对某些因变量的独立效应和交互效应。”⑤

综上，我们可以看出，实验法一定带有以下三个特征：第一，实验的目的大多是为了探索某种具有因果关系的问题；第二，实验中至少存在两个变量，即自变量和因变量；第三，实验时一定会有特定的控制条件。所以，我们在这里可以如此定义：实验法是在一定控制条件下，观察自变量与因变量，探索二者是否具有因果关系的一种科学方法。

---

① 都本忱. 社会科学实验论［J］. 松辽学刊（社会科学版），1992（3）：92–96.

② 辛秋水. 论社会科学实验对社会发展的重大意义：来自社会科学实验前沿的报告［J］. 荆门职业技术学院学报，2000（4）：1–7.

③ 风笑天. 社会研究方法［M］. 4 版. 北京：中国人民大学出版社，2013：182.

④ 余炳辉，等. 社会研究的方法［M］. 杭州：浙江人民出版社，1986：109.

⑤ 戴元光. 传播学研究理论与方法［M］. 上海：复旦大学出版社，2003：119.

从实验法的定义及其固有特征中，我们可以归纳出实验法的以下特点：第一，主动性。相较于其他研究方法，如内容分析法、问卷调查法等，在实验过程中，为验证自变量与因变量之间的关系，实验法常常会对研究对象，即因变量主动实施操纵，通过改变研究对象的存在方式等来服务实验。第二，控制性。实验法自诞生起，就具备这样的要素——实验中存在一定的控制条件。这些控制条件可以防止一些无关因素对研究的干扰，从而避免研究结论对因果关系产生错误的判定。第三，因果性。实验法是探索要素之间或某事件的因果关系的最佳方法。

实验法的具体因素，包括自变量和因变量这两个概念。其实，构成一组完整的实验，需要的因素有很多，除去两组变量，还应有无关变量、常量和实验假设。

变量，通常指实验中被操纵、控制或观察的条件或因素，也称“变数”。数学和自然科学领域是这样定义变量的：在事物发展过程中，一种量不断地变化，可以取不同的数值，这种量叫作变量。在社会科学研究中，变量指不同的个体具有不同的价值条件的特征。同时，变量包括自变量、因变量和无关变量。

自变量，又称刺激变量，是引起或产生变化的原因，是实验中有计划地设置或改变的因素，具有可操作性和可变性。

因变量，又称反应变量、依变量，受自变量影响，是一种结果变量。

无关变量，也称控制变量，是指除自变量以外的一切可能影响因变量、对实验可能起干扰作用的因素。“无关”是指它既与自变量无关，又与实验目的无关。

常量，即与变量相对应的概念，是不会发生变化的因素。

假设，分两个层面，一方面，根据现有的知识对已存在的事物和现象做出种种假定或说明；另一方面，根据客观规律和已掌握的事实材料，对尚未存在的事物和现象做出有根据的推测和预言。

前测，实验刺激前对因变量的测量。

后测，实验刺激后对因变量的测量。

实验组，接受实验刺激的一组。

对照组，不接受实验刺激的一组。

第二节　实验法的比较与分类

实验法作为一种实证研究方法，既活跃在自然科学领域，又活跃在社会科学领域，那么，在这两个不同的学科领域中，实验法的应用又有何不同呢?

自然科学实验和社会科学实验相比，有以下区别：

第一，从实验对象来看，自然科学实验所研究的对象是自然现象及其规律，也就是说，它的实验对象主要是物；而社会科学实验所研究的对象则是社会现象及其规律，也就是说，它的实验对象主要是社会化的人以及人与人之间的关系。

第二，从实验过程来看，社会科学实验往往比自然科学实验更为艰难、复杂。在实验环境和实验方法的选择上，社会科学实验很难像自然科学实验那样人为地安排和控制实验条件，单纯地使用实验仪器来进行研究。社会科学实验需要依靠对现实的社会生活做典型调查、蹲点、试点等工作来进行科学实验。

第三，从实验成败对社会和人们的影响来看，自然科学实验是在特定的实验室、实验地、实验物范围内进行的，它的成功与失败对社会和人们的影响往往是有限的，实验即使失败多次，也不过是多花费了时间、精力、经费、材料。而社会科学实验是直接在人们的社会生活中进行的，它的成功与失败，都将直接对社会和人产生影响。

一、实验法的比较

从大范围来看，实验法是既属于自然科学领域又属于社会科学领域的研究方法。如果我们缩小范围，只把实验法放到社会科学领域的定量研究方法中来看，可以发现，和实验法同级使用且息息相关的研究方法有实地调查法、内容分析法等。那么实验法和这些研究方法相比，又有怎样的区别呢? 它在这些定量研究方法中又处于什么样的地位呢?

（一）实验法与其他定量研究方法的共同点

1. 地位相同

不容置疑的是，这几种方法同属于社会科学领域的定量研究方法，是传播学研究中最重要的研究方法，它们都对传播学研究的有效开展和理论的深入探索发挥着重要作用。

2. 协同性

无论是实验法、实地调查法还是内容分析法，作为单一的研究方法，它们虽各有特色，且产生的作用都不容小觑，但它们在实际使用时都需要其他方法的协同相助。例如，在实验中、调查中和对内容分析对象的选择上，它们都需要抽样法的协同帮助，使各自的研究更具代表性、可信性。

3. 可重复性

阿特斯兰德曾这样说过，实验应该是一种“在有控制性条件下可重复的观察”①。的确，任何的科学研究都必须经得起反复推敲和验证，“可重复”是一项研究结论具有高信度的重要标志。

（二）实验法与其他定量研究方法的不同点

1. 研究内容的侧重点不同

很明显，实验法在于探究两变量之间的本质性关系，即侧重于探索因果性；观察法则只侧重于直接观察、收集资料；实地调查法与观察法相比更进一步，其在收集资料的基础上进行统计分析，但这些针对研究对象的统计分析只限于客观描述，并不进行深入探究；内容分析法与实地调查法的统计分析虽有一定的相似之处，但内容分析法更强调对传播内容产生的影响进行分析。

2. 研究对象的数量不同

在实验法中，无论是实验室实验还是社会实验，由于实验控制性条件的存在，实验的研究对象不会选取太多人，一般是几十人，具有“小样本”性。而观察法、实地调查法、内容分析法的研究对象往往规模庞大，虽然它们会采取抽样等方式来选取有代表性的样本，但是相较于实验法的研究对象而言，它们仍然是“大样本”。

---

① 阿特斯兰德. 经验性社会研究方法［M］. 李路路，林克雷，译. 北京：中央文献出版社，1995：24.

3. 研究方式不同

实验法由于强调其控制性，研究者会更多地介入研究，而观察法、实地调查法、内容分析法侧重于让研究对象始终处于纯自然状态下，反对主观介入，强调纯客观的研究。

二、实验法的分类

从大范围和小范围的角度分析完实验法与其他定量研究方法的异同后，接下来将从本体论的角度对实验法的各类别进行介绍。

西方学者为何青睐实验法?

斯坦莫:“实验法是帮助研究者寻找精确答案、作出精确决策的方法，分为调查实验法、实验室实验法和田野实验法，三者都需要用到调查和历史研究方法。”

蒂尔:“我在书中所提到的田野实验法与一般意义上的实验法不同。数据是研究的重要原料，学者通过收集、整理和分析数据来验证研究假设。过去有不少实验法的支持者，如哲学家卡尔·波普尔（Karl Popper）就认为实验法能够进行重复测试，且具有精密性，由此而得出的研究结论也具有科学性。按照研究环境进行划分，实验法可以分为实验室实验法和田野实验法两种形式。我所提到的田野实验法是指在真实环境下，学者所开展的随机对照试验，这也是收集定量数据的一种方法。田野实验法的支持者主要认为该方法能将精密的实验与现实世界的真实性巧妙结合起来。通过研究政策在实际施行过程中会产生哪些影响，来判断应该在哪些领域推行哪些政策。同时，社会科学家还认为田野实验法能精确识别各研究变量间的因果关系。”

——摘自《中国社会科学报》2014 年 1 月 13 日第 548 期

综观传播学等社会科学领域，实验法通常被分为调查实验法、实验室实验法和社会实验法这三类，现在，我们还要把双盲实验法加进来。直到今天，单一的实验法也不可能完全实现精确的测量、实验，因为实验总是或多或少地受到额外变量的干扰，如实验者效应、安慰剂效应、顺序效应、霍桑效应、约翰·亨利效应等。所以，在这里强调双盲实验法是很有必要的。

（一）调查实验法

调查实验法是指对一个有代表性的样本进行调查的实验方法。调查实验方法的目的是通过控制其他各种混杂因素的影响，以准确揭示所感兴趣的影响变量与目标变量之间的因果关系，从而确定对目标变量最重要的影响因素。在这方面，运用计算机辅助调查平台，一是可以得到足以代表研究总体的大型样本，二是便于收集样本数据。得益于有代表性的大型样本，调查实验法就具备了较高的外部效度，从而达到了内外部效度的完美统一。与调查研究所需的复杂分析方法相比，调查实验法重点在于研究设计而非数据分析，所以调查实验法所需的分析方法相对简单。调查实验法由于具有成本低、样本量大、较好的内外部效度和分析方法简单等优势而广受欢迎。20 世纪 90 年代以来，它已经成为西方研究民意的标准工具。

（二）实验室实验法

实验室实验法又称“纯实验法”，是历史最悠久、普及程度最高的一种研究方法，指研究在实验室内进行，对实验因素实施人为控制的一种实验方法。其最突出的一点就是实验者可以直接、主动地对实验对象、实验因素加以控制，以便更清晰、精准地考察自变量和因变量之间的关系。实验室实验法虽然逻辑程序严密，具有很强的科学性，但它也存在一些弊端，如实验的环境并非现实社会环境，客观真实性受到削弱，实验者效应会影响研究结果等。所以，实验室实验法一直受到学界的诟病，以至于后来又提出了一种改良的实验方法，即社会实验法。

（三）社会实验法

社会实验法是对实验室实验法的一种改良，又被称作“半实验法”“自然实验法”，即改变实验室实验法的实验环境，把实验对象从实验室换到现实的社会生活中，让实验对象更多地处于一种自然状态中来接受研究者的观察。

杨孝濴曾这样总结社会实验法的两大特征：第一，社会实验法将研究的情境从实验室转移到自然生活的社会形态中，使研究富有社会的特性；第二，社会实验法并不意味着对环境、对象和变量没有控制，它在处理实验环境、对象和变量间的因果关系时还需要相当的控制。①

（四）双盲实验法

“科普中国”提供的词条是这样解释双盲实验法的：“盲”在实验中是一种基本的工具，用以排除参与者有意识或者下意识的个人偏爱。比如，在非双盲实验中检验研究对象对不同品牌食品的偏爱，这些研究对象往往会选择自己偏爱的食品；但是在双盲实验中，即在品牌不能被辨认的情况下，这些研究对象可以真正排除个人对品牌的偏好而进行实验。双盲实验法主要有三种类型，即单盲实验、双盲实验和三盲实验。现今，在学界应用最多的是双盲实验。双盲实验是一种实验设计，即在这个实验中，研究对象和研究者都不知道哪个是实验组哪个是对照组。这种实验方法可以减少偏见和无意识暗示对实验结果的影响。如何随机分配研究对象到对照组或者实验组是双盲实验至关重要的一个环节。确认哪些研究对象被分到哪些组的信息交由第三方保管，并且在研究结束之前不能告知研究者。

第三节　实验的整体设计及操作过程

一、实验设计的必要性

首先，实验法最重要的一个特点就是控制性，这体现在对实验环境的控制、对自变量和因变量的控制、对实验主体的控制、对研究者的控制等上。为了更好地达到实验的控制性，对实验进行设计是十分有必要的。其次，实验涉及的因素多，类型也丰富，如前测、后测等，提前对不同实验类型进行设计，是保证实验成功必不可少的一步。最后，用实验法进行研究时，从准备阶段、实施阶段到研究总结阶段，必然是一个环环相扣、完整衔接的过程，要保证每

① 杨孝濚. 传播学研究方法总论［M］. 台北：三民书局，1977：253-260.

个阶段衔接恰当，人力、物力和财力各尽所用。

二、实验设计的类型

实验设计，即实验过程的一部分，专指研究者对变量、分组、前测、后测的规划。实验设计可以简单地分为以下几类：

（一）单组实验

只选择一组实验对象进行实验观察，分为以下两个类型：

1. 单一实验组事后测量

只在实施刺激之后对单一实验组进行测量。优点是方法简单、易操作；缺点是没有前测和对照组，难以准确、有力地证实实验结果究竟是实验对象本身就有的特点还是刺激产生的效果。

2. 单一实验组事前事后测量

先对单一实验组进行事前测量，在实施刺激之后再进行测量观察。优点是准确性较高，可排除实验对象本身因素的影响；缺点是无实验对照组（即控制组），缺乏对比的标准，实验的结果仍无法令人完全信服。

（二）两组或多组实验

两组或多组实验即同时设置了实验组和对照组。根据研究的不同侧重点，实验可以设计多种实验组和对照组。具体可分为下列两种类型：

1. 单一实验组控制组事后测量

设定一组实验组和一组对照组，两组均不进行事前测量，只在实验组实施刺激后同时对两组进行事后观察测量。这种类型的实验设计与单一组事后测量相比更具有说服性，但同样缺少对照组的对比。

2. 单一实验组控制组事前事后测量

只选一对实验组和对照组，对两组均进行事前事后测量，区别在于只对实验组进行刺激。这种设计较以上三种更具有说服力，是一种简单而完整、成熟的小型实验，适合学生个人或小团体使用。

（三）所罗门四组控制实验

所罗门四组控制实验也是传播学中常用到的控制实验类型之一，即把实验对象随机分成四组，对它们分别赋予不同的实验条件，以对测试结果进行多方面的比较（见表 6–1）。

表 6–1　所罗门四组控制实验

被测组	前测	实验刺激	后测	比较
第一组	√	√	√	各组前测后测之间形成多种对比
第二组	√		√	
第三组		√	√	
第四组			√	
比较	各组前测后测之间形成对比			

（四）双盲实验

双盲实验也可作为实验设计的一部分，为后面的实验奠定研究基础。

三、实验的操作过程

一个完整的实验过程必然包括以下几个步骤：

· 确定合适的研究问题，做出假设；

· 进行实验设计；

· 确定实验环境；

· 运用抽样、配对、随机化法等挑选具有代表性的实验对象；

· 进行试测；

· 执行实验；

· 分析研究数据，得出结果。

无论进行哪种实验，以上的 7 个步骤都是必经的环节。

实验的操作过程主要有以下三个阶段：

（一）实验的准备阶段

实验的准备阶段是整个实验过程中最简单也是最烦琐的一个阶段。在这个阶段，研究者首先要确定合适的研究问题、研究方向并做出合理可行的假设。确定了这些内容之后，研究者还需要对自己的实验研究有一个整体的规划设计，确定实验环境、实验对象、自变量、因变量、干扰因素、实验相关材料等，在实验之前准备好所有相关材料。

（二）实验的实施阶段

实验的实施阶段即把实验付诸实践的过程，是最核心的一个环节，因为实验实施的情况会直接影响整个实验的成败。实验的实施阶段包括两个方面，一是实施实验，二是搜集实验观测的资料。在实施实验的过程中，要注意出现的多种干扰性因素，尽量采取双盲实验法来保证研究的客观性和科学性。在观测记录实验的过程中，要用提前制定好的标准化量表，观察并记录实验对象的反应，以便后期对实验收集到的资料进行分析、研究。

（三）实验的分析总结阶段

实验的分析总结阶段，即实验的最后一个环节，要把大量实验的数据资料汇总、对比、分析以作出结论。在这一阶段，研究者先要对搜集到的资料进行汇总、整理，统计所搜集的各种数据，为下一步检验自变量和因变量的关系、验证假设、得出结论做准备。在进行数据分析时，也可以利用 SPSS 等软件。

在进一步汇总、分析实验数据之后，就要进行实验的最后一步，即总结实验结论和成果，撰写实验报告，对实验做一个整体的评估，完整地结束整个实验过程。

第四节　与实验有关的一些现实问题

同其他社会活动一样，学术研究也需要做可行性分析。哲学强调，世界万物是相互联系、不断变化的，我们周围的一切事物、因素都有着各种各样的联系，且每时每刻都在发生变化。我们做任何事情，必然会牵扯到一定的人力、物力、财力等因素，所以为了节省资源、提高成功率，在行动之前做可行性分析是十分有必要的。

一、实验的可行性问题

实验的具体过程可以分为三个环节，即实验的准备阶段、实施阶段和总结阶段。每一阶段都会涉及很多问题，这里仅选择实验过程中比较重要的几个问题进行分析。

（一）实验的假设命题是否具有可行性

何向东在《试论假说的定义及其类型》中指出，实验研究中既可以对已经存在但还未做出科学解释的事物、现象做出假设，又可以对尚未存在的事物、现象做出假设推理，但无论是哪一种假设，它的前提都必须是尊重事物发展的客观规律，要有可操作性、可实践性和可证实性，即可行性。[①]

（二）实验的干扰性因素

在实验的实施过程中，无论是实验室实验法还是社会实验法，或多或少都会存在一定的干扰性因素，即无关变量的影响，这些因素会直接影响实验的结果。这些干扰性因素包括实验者效应、安慰剂效应、顺序效应、霍桑效应、约翰·亨利效应等。

（三）实验内容是否有违社会伦理道德

传播学实验法的研究内容大多与社会和人息息相关，以人、社会作为研究对象，就要考虑所进行的实验是否尊重人性、人权等因素，是否有违社会伦理道德。这也是决定实验是否具有可行性的重要一环。

二、实验的伦理道德问题

“伦理道德”包含伦理和道德两层含义，“伦理”指的是处理个人与他人、

---

① 何向东. 试论假说的定义及其类型［J］. 西南师范学院学报，1984（3）：21-26.

民族、国家、自然等关系的准则；“道德”指的是在一定的社会阶级中，处理人与人、人与社会之间的行为规范。从整体上来讲，“伦理”和“道德”都是处理关系的规范体，跟人的行为规范有密切的联系；就个别来讲，虽然两者有着细微的差别，但是一般都将两者放在一起使用，即伦理道德。伦理道德在实验法中占据非常重要的地位，可以说一旦实验丧失伦理道德，实验也必将失去其存在的必要和价值。

传播学实验中的伦理道德问题包含两个方面：一是研究者应秉持严谨的治学态度和良好的职业道德；二是对研究对象而言，他们是鲜活的个体，是拥有独立人格的人，在接受实验时会完全受到实验的控制。所以，研究者一定要尊重研究对象，维护研究对象的利益。

但不幸的是，实验损害研究对象的基本人权、违背伦理道德的事件比比皆是。比如臭名昭著的小艾伯特实验、极其残忍的塔斯基吉梅毒实验、饱受争议的米尔格伦实验等。这些研究对象在不知情或未被告知可能存在的危险之下参与了实验。虽然这些实验在客观上使医学实验的国际化规章制度趋于完善，也促成了一些法典宣言和法律准则的诞生和完善（如《纽伦堡法典》《世界医学协会赫尔辛基宣言》《保护人类被试行为规范回顾指南》等），但是研究对象已然受到了不可逆转的伤害。所以，研究者除了要严格自律之外，还应该尊重研究对象的基本人权，遵守相关的法律法规。

▶本章小结：

实验法发展至今，无论是社会实验法，还是实验室实验法，要实现完全精确的实验几乎是不可能的。因为实验总是或多或少地受到额外变量的干扰。实验法可以被细分为调查实验法、实验室实验法、社会实验法和双盲实验法。

▶关键术语：

1. 自变量：又称刺激变量，是引起或产生变化的原因，是实验中有计划地设置或改变的因素，具有可操作性和可变性。
2. 因变量：又称反应变量、依变量，受自变量影响，是一种结果变量。

3. 无关变量：也称控制变量，是指除自变量以外的一切可能影响因变量、对实验可能起干扰作用的因素。“无关”是指它既与自变量无关，又与实验目的无关。
4. 常量：即与变量相对应的概念，是不会发生变化的因素。
5. 假设：分两个层面，一方面，根据现有的知识对已存在的事物和现象做出种种假定或说明；另一方面，根据客观规律和已掌握的事实材料，对尚未存在的事物和现象做出有根据的推测和预言。
6. 前测：实验刺激前对因变量的测量。
7. 后测：实验刺激后对因变量的测量。
8. 实验组：接受实验刺激的一组。
9. 对照组：不接受实验刺激的一组。

▶思考与研讨题：

1. 传播学领域中有哪几种实验法？
2. 实验的必要因素有哪些？
3. 一个完整的实验由哪几个过程构成？分别又包含哪些步骤？
4. 所罗门四组控制实验是指什么？
5. 请根据本章所学写一个简单的实验设计。

▶延伸阅读：

1. 胡颖. 传播学调查研究方法［M］. 北京：中国传媒大学出版社，2010.
2. 阿特斯兰德. 经验性社会研究方法［M］. 李路路，林克雷，译. 北京：中央文献出版社，1995.
3. 肖尊安. 再论海尔蒙特的柳树实验［J］. 生物学通报，2011（3）：16–18.
4. 卜卫. 控制实验：一种常用的传播学研究方法［J］. 国际新闻界，1997（2）：55–59.
5. 李毓佩. 学习《数学手稿》试谈变量定义的改革［J］. 北京师范大学学报（自然科学版），1977（3）：9–11.

6. 何向东. 试论假说的定义及其类型［J］. 西南师范学院学报，1984（3）：21–26.

7. 朱梅红. 民意研究的新方法：调查实验法［J］. 杭州电子科技大学学报（社会科学版），2015（4）：46–52，57.

8. 杨敏. 多种方法综合运用更有利于社科研究［N］. 中国社会科学报，2014–01–13（A04）.

第七章　访谈法

▶章节大纲：

1. 访谈的基本概念；
2. 访谈的过程；
3. 焦点小组访谈法。

▶章节内容：

本章列举了不同分类标准下的访谈类型，介绍了访谈前的准备工作和实施步骤，提供了访谈需要具备的技巧和一些注意事项。其中，重点介绍了焦点小组访谈法的适用的范围和情境，对其实施过程做了具体分析，旨在提供切实可行的研究方法。

第一节　访谈的基本概念

一、访谈的概念

访谈是一种对话性实践，它是访谈者和一个（或一群）受访者多方互动、生成知识的过程，这种对话的目的是获得受访者生活世界的概况进而解释意义。访谈与日常谈话有很大的不同：访谈是一种有特定目的和主题的研究性交谈，而日常谈话的目的性较弱、主题也比较随意。

二、访谈的类型

访谈按照不同的标准可以分为不同的类型，常见的划分方式为按照访谈过程的控制程度大小，将访谈分为结构式访谈、无结构式访谈和半结构式访谈。

（一）结构式访谈

结构式访谈又称标准化访谈或封闭式访谈，研究者根据事先设计好的有固定格式的问卷进行提问，按照相同的方式和顺序向受访者提出同样的问题，受访者只能在备选答案中进行选择，这是一种控制程度较高的访谈方法。就特点而言，结构式访谈具有明确的开始和结束标志，问卷以封闭式问题为主，研究者要依照固定顺序向所有受访者提问，不能随意更改访谈的程序和内容。在访谈过程中，研究者控制访谈进度和方向，受访者处于被动状态。在实际研究中，当进行大样本量研究或需要对访谈结果进行统计分析时，研究者往往会选择结构式访谈。但结构式访谈由于问题固定而缺乏灵活性，不利于深入地讨论问题，因此，常常被作为辅助方法使用。

（二）无结构式访谈

无结构式访谈事先不需要制定统一的问卷、表格和访问程序，研究者可以按照一个大致的访谈主题或题目与受访者进行自由的交谈。与结构式访谈相比，无结构式访谈没有明显的开始和结束标志，以开放式问题为主，研究者不再处于主导地位，受访者可以自由提出问题，因而具有较强的灵活性。无结构式访谈有利于挖掘出生动的事例，得到更为深入的信息。无结构式访谈的主要形式有深度访谈、重点访谈和非引导性访谈。深度访谈在电视访谈类节目中最常见，比如《杨澜访谈录》。也有学者将深度访谈作为主要方法来研究业界的一些现象，如尹连根和刘晓燕就对广东省某报业集团共计 21 位一线记者进行了深度访谈，完成了论文《“姿态性融合”：中国报业转型的实证研究》。重点访谈是根据事先确定的题目和假设，就某一方面的问题进行有针对性的访谈，目的在于搜寻与特定经验和行为动机有关的主客观材料。重点访谈的关键是课题的选择和题目的拟定。例如，要研究课堂上教师教学方法的优缺点，就可以选取适当的学生样本进行座谈和一般访谈。非引导性访谈是让受访者对自身和其所处的社会环境作出一番考察后再客观陈述出来的访谈方法。

（三）半结构式访谈

半结构式访谈是一种根据但不限于预先设定的提纲进行的访谈，要根据受访者的回答进一步探寻和挖掘答案。该方法对访谈对象的条件、所要询问的问题等只有一个粗略的基本要求。半结构式访谈同时具备上述两种访谈法的优点，其不仅有严谨和标准化的问题，也留给受访者较大的表达空间。在实际应用中，半结构式访谈和无结构式访谈之间没有明显的界线，需要研究者根据具体情况进行选择。

按照正式程度，访谈可分为正规访谈和非正规访谈。正规访谈指研究者和受访者事先约定好时间和地点，正式地交流一定的问题；非正规访谈指的是研究者根据受访者的日常生活安排，在与对方一起参加活动的时候根据当时的情形与对方交谈。按照接触方式，正规访谈又可分为直接访谈和间接访谈。这里的接触方式是指研究者与受访者是面对面交流还是通过一定的中介物交谈。媒介发展至今天，间接访谈的中介物不再局限于电话，电子邮件、视频等现代通信手段也可以成为间接访谈的中介物。

无论是哪一种访谈方式都有其利弊，在实际操作中，研究者要依据具体情形以及受访者的个性特点来选择适当的访谈模式和接触方式。

根据受访者人数的多寡，访谈还可以分为个别访谈和集体访谈（见图7–1）。前者是一对一交谈，易于建立起融洽的关系，有利于调查敏感话题；后者经常被称为焦点小组访谈（focus group），我们将在后面的章节详细介绍。

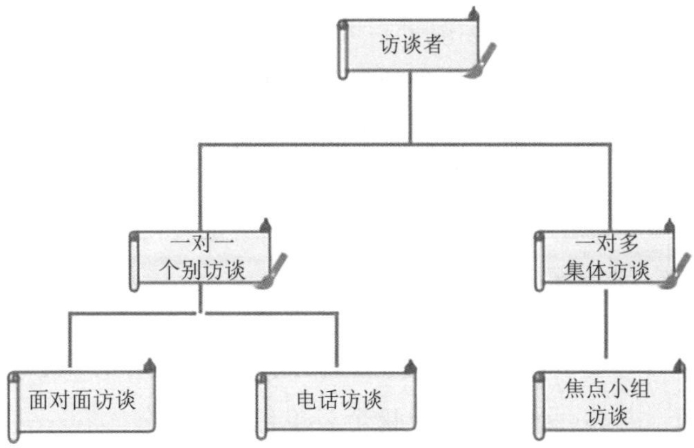

图 7–1 个别访谈和集体访谈示意图

第二节 访谈的过程

一、访谈的准备阶段

访谈的准备工作包括明确访谈目的、访谈对象和访谈问题。在条件允许的情况下，可以在正式采访前先进行预访谈，提前做好沟通，优化访谈提纲，提高正式访谈的效率。访谈提纲的准备一般遵循以下步骤：

（一）明确访谈目的

优质、完整的访谈提纲需要研究者对研究背景有足够清晰的认识，了解研究现状的不足之处和创新点。因此，研究者要做好全面的文献综述，请教专业领域内的行家对采访提纲进行实证性的补充，帮助自己对研究主题形成全面而充分的认识。

在确定研究内容后，研究者要根据研究问题的具体情况，决定使用哪种研究方法。访谈法在开展探索性研究时用到的频次比较高，但在开展验证性研究时，它往往与其他研究方法结合使用。

（二）选择的访谈对象要能提升样本的代表性

一般来说，社会科学研究中的抽样方法可以分为概率抽样和非概率抽样两大类。前者是指在被限定的研究对象中，每个单位都具有同等被抽中的可能性；后者指的是按照其他非概率标准进行的抽样方式。质化研究中用得最多的非概率抽样是目的性抽样（即理论性抽样），即按照研究目的抽取能够为研究问题提供最大信息的研究对象。质化研究的研究对象数量较小，所以不采用概率抽样。

（三）优化访谈问题，合理设置访谈提纲

这一步的目的是形成收集数据的访谈提纲，把已有的知识组织成有结构的、有逻辑的、内部一致的表单。这个表单包含两部分内容：一是主要框架，二是具体的探究性问题。在编制访谈提纲时，第一步是列出能覆盖主要内容的框架，依照渐进的逻辑顺序对问题进行梳理。第二步是细化主要内容，也就是

对问题进行设置。一般性的访谈提纲的大致结构主要包括介绍性评述、一般性问题和具体问题、敏感性问题、提示性内容和结束性评述这几个方面。需要注意的是：问题要能反映主要内容，紧扣研究主题；在对一些比较敏感的问题进行访谈时可以采用漏斗式提纲（见表 7–2）；倒漏斗式提纲更适用于了解与验证事实；问题要有一定的结构性，保证对话的流畅。

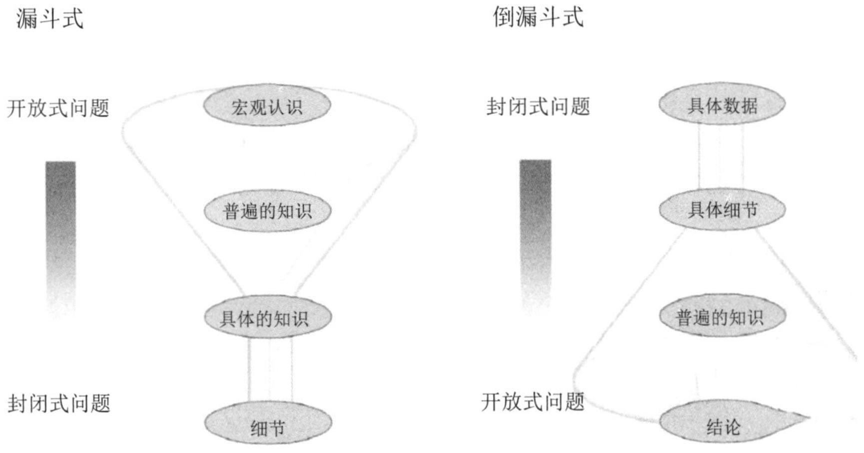

图 7–2　两种不同的访谈提纲

（四）设置预访谈，调试访谈提纲以实现其合理性

为了保证访谈提纲的初稿内容具有强覆盖性和高相关性，研究者要确认问题是否需要进行必要的修正，以此来保证问题的简洁、高效。需要注意的是，预访谈的被试样本要从受访样本中选取，以保证预访谈的被试样本具有总体代表性。

（五）重视访谈的注意事项，提升访谈的效率和精准度

访谈问题切忌过多，按照标准字号排版，列出的访谈问题尽量不要超过 1 页 A4 纸的容量。访谈内容以受访者述评为主，在访谈过程中要尽量照顾受访者的时间和其他需要。访谈时间要以具体的访谈问题和受访者的个性而定，不宜过长；同时，对单个受访者的访谈次数也不宜过多。在地点的选择上，宜自然安静，注意公共场所和私人场合之分；女性研究者要考虑在男性受访者家中进行访谈是否合适。总而言之，访谈的地点要不容易被干扰，以便受访者能畅

所欲言、精准回答。

进行访谈时务必要重视健康和安全问题，访谈地点尽量选择公共或半公共场合，访谈前要把受访者的电话号码和访谈地址告知某个人，让他知晓“我在哪里访谈”“访谈大概进行多久”“我如果没回来你需要怎么办”等一些必要的信息，以防出现意外情况。

在社会研究中，研究者的自我呈现不仅限于外在穿着，更重要的是以什么样的身份出现在受访者面前。通常的做法是研究者如实告知并在访谈过程中尽量维持好自己的身份。比如，在心理学的研究中，研究者是一位治疗师，受访者患有抑郁症，那么在访谈过程中，如果受访者出现了抑郁的症状，研究者要记清自己的身份。因为如果研究者对其进行安抚、治疗，那么数据的准确性就会大打折扣。

访谈数据的收集方式有三种：访谈录音、访谈过程中的笔记和田野笔记。其中，访谈录音是最主要的方式，也是访谈数据的主体部分。除了受访者的声音陈述之外，他们的肢体语言、面部表情等一些非语言性的表达也是很好的数据资料，这时就需要在访谈过程中用笔记来进行补充记录。田野笔记是指在访谈前或访谈后需要记录的内容，包括个人反思、访谈的情境和受访者的行业等，其同样是不可或缺的访谈资料。

二、访谈的实施阶段

访谈具有一定的结构，一般为开场—热身—主体—冷却—结束。在访谈开始阶段，研究者可用一般礼仪性的对话开场，营造一种轻松、愉悦的聊天氛围，在访谈开始前与受访者建立亲近感和信任感。研究者需要在访谈伊始就进行自我介绍，向受访者阐明此次访谈的目的，然后告知受访者大概的访谈时长，大致介绍访谈内容和访谈方法——是录音还是记笔记等。如果受访者拒绝录音，那么研究者要阐释录音的目的并进行说服。如果遇到僵持的情况，研究者一定要灵活运用技巧，确保访谈可以顺利开始。

访谈是一门艺术，在访谈过程中，除了按照提纲向受访者提问以外，还有以下几点需要注意：

第一，要学会聆听。半结构式访谈中尤其强调研究者要听多于说；在无结构式访谈中，研究者要把说的空间留给受访者。研究者言多会增加访谈的冗余内容，限制受访者的自由表达。

第二，要善于观察非语言线索。有时语言会说谎，但肢体却很诚实。研究者要记录受访者的肢体语言、面部表情等，丰富研究数据。

第三，要允许沉默。当受访者沉默时，研究者不要急于继续提问，应留给受访者酝酿情感的空间。

第四，要保持中立。在访谈过程中，不要评判受访者的回答，不说“我不觉得是这样”“我认为你这样说是不对的”等，要铭记自己研究者的身份，明白无论对错受访者的回答都是数据的构成部分。

第五，在半结构式访谈中，不必完全按照访谈提纲进行提问。在实际访谈中，很可能出现提纲列了 10 个问题，但最后只问了 3 个问题的情况，因为受访者不等提问就全部说出了。还有些受访者谈到了提纲中未涉及的问题，而这些问题恰恰又是很重要的信息，这时研究者要顺藤摸瓜、深入挖掘，切勿受限于访谈提纲。

第六，当受访者没有正确理解问题而导致回答“跑题”时，不要急于拉回，不要说“我问的不是这个意思”“你跑题了”等一些可能引起受访者不舒服的话，要等受访者谈完后，再以通俗的方式提问。当然，研究者可以要求受访者重复一些观点，如“你的意思是说？”“你可以举个例子吗？”“你刚刚提到的……”，也可以用疑惑或探询的眼神示意受访者澄清。在实际的访谈过程中，还会出现其他各种复杂的情况，研究者要随机应变，在给予受访者足够的人文关怀的情况下引导受访者完成访谈。总之，研究者要留给受访者足够多的表达空间，记录好重要的非语言线索，引导受访者提供真正有意义的信息。不要刻意诱导受访者做出与研究假设相符的陈述，那些与研究假设不相符的数据，反而会成为重要的研究资料。

第七，当访谈将要结束时，话题要回到容易回答的日常对话中来，结束的话题要循序渐进，让受访者感到舒服，如“大致的情况我已经了解了”“特别感谢您今天跟我说了这么多”，然后给予受访者结束话题的主动权，对受访者表示真诚的感谢。访谈结束后，要尽可能建立未来的联系，可以说“如果有什么情况，我可以再联系您”等。在离开访谈地点后，要立即写田野笔记，因为此时研究者对整个访谈过程仍记忆犹新。

第三节 焦点小组访谈法

简单地说，焦点小组访谈法是指由一名组织者（主持人）邀请一些人自然而无约束地讨论某些问题，它不是单独访问一名受访者，而是同时访问若干名受访者。焦点小组访谈法是主持人与多个受访者相互影响、相互作用的过程，“群体动力”在访谈过程中起着关键的作用。作为研究受众的一种分析方法，焦点小组访谈法被视为定性研究的代表性方法，但它实际上起源于定量社会学。焦点小组访谈法最早出现在20世纪50年代，美国社会学家罗伯特·默顿和肯德尔（Kendall）在《美国社会学期刊》发表了《焦点访谈》（*The Focused Interview*）一文。默顿认为，焦点小组访谈法能够找到人们接纳某个特定事物、特定思想或行为的准确原因。不久后，焦点小组访谈法开始被广泛运用。相比于一对一访谈，在时间、资源和研究经费都不充足的情况下，焦点小组访谈法能够采访更多的人，研究者也更容易观察受访者是如何通过谈话和相互之间的影响来进行陈述的。

一、焦点小组访谈法的适用范围

在调查研究中，研究方法的选择除了要考虑条件的便利性、资料的易获得性等现实因素之外，还要考虑该方法是否能反映出研究的目的和目标。

《认知偏见与网络口碑的传播效果：对网购人群的焦点小组访谈研究》在阐释选择焦点小组访谈法作为研究方法时认为：

以往的实证研究多采用实验法和调查法。实验法在实施控制、检验因果关系方面有独特优势，但进行实验法需要模拟消费者的购物体验，而研究者不可能在实验中对消费者所有类型的购物体验都进行模拟。但单一地就某一两个类别的网络购物进行模拟（如图书、旅游、电影），不能反映消费者丰富的日常网购状态。调查法在访问的标准化和样本代表性方面有优势，但其往往只能获得比较表面和有限的信息，无法探究更为深入和丰富的看法、动机和认知。

有鉴于此，本文采取了焦点小组访谈法，以求更为贴近消费者日常的真实网购习惯和心态，做尽可能细致、深入的观察。在访谈过程中，我们一方面关注受访者对相关行为与态度的自我描述，另一方面特别注意受访者所采取的解释体系，即他们在对故事中的事件作出（或不能作出）解释时所依据的假设。①

由此可知，相比于问卷调查法和实验法，焦点小组访谈法对于环境设定和结构设计的要求更低，同时也可对受访者进行更为深入的观察。在一些研究中，焦点小组访谈法可以作为单独的研究方法使用。但是，在大多数情况下，它需要和其他研究方法结合起来使用，以使数据更加全面。

在段卉和金亮设计的"青年群体网络流行语使用"实验中，建立的就是"问卷调查—小规模深度访谈—焦点小组访谈—大规模深度访谈"的研究框架。在他们的研究设计中，焦点小组访谈法作为直接深化研究的重要部分，起到了承上启下的作用。一方面，焦点小组访谈法验证了问卷调查与小规模深度访谈中体现出的受访者行为与态度的联动关系；另一方面，焦点小组访谈法为接下来大规模深度访谈提供了深入挖掘受访者心理变化的主要方向。②

焦点小组访谈法除了和问卷调查法、观察法和内容分析法等结合使用之外，它还能在研究的不同阶段发挥不同的作用。在研究的早期阶段，焦点小组访谈法可以用来了解受访者较为关心的话题和讨论的方向，辅助调查问卷的设计。在问卷调查中，焦点小组访谈法也可以用来检验各种问卷条目的可读性、措辞、问题顺序以及答案的多样性等。在研究后期，焦点小组访谈法的数据同样是很好的补充性资料。

是否采用焦点小组访谈法不仅取决于研究目的，而且取决于受访者和媒介内容之间的相关程度以及受访者对媒介内容的理解、使用、交互和影响程度。③

焦点小组访谈法和深度访谈法不同，虽然二者经常被同时提起，通过它们所收集的数据也会有重复，但与深度访谈法相比，焦点小组访谈法独特的优势体现在以下两点：其一，受访者之间的讨论有利于他们理解媒介内容并更充分地表达自己；其二，在此基础上，通过主持人的引导能够刺激受访者更加详细

---

① 周丽玲. 认知偏见与网络口碑的传播效果：对网购人群的焦点小组访谈研究［J］. 新闻与传播评论，2013（1）：134-143，214，225.

② 段卉，金亮. 焦点小组访谈法在传播研究中的新探索［J］. 青年记者，2017（30）：54-55.

③ 汉森，等. 大众传播研究方法［M］. 崔保国，金兼斌，童菲，译. 北京：新华出版社，2004：305.

地陈述观点，即群体互动更有利于话题的深入讨论，而这些正是个人深度访谈法所欠缺的。

但焦点小组访谈法也存在一些不足。在一个小组内，不可避免地会存在有较大影响力的人，即意见领袖。意见领袖会不同程度地控制和主导讨论的进度，影响他人的看法和表达。另外，受“沉默的螺旋”效应的影响，可能会出现“集体趋同”现象——异见可能会被边缘化，异见会在群体压力和趋同心理的作用下变得越来越微弱。因此，为了得到“有价值”的信息，焦点小组访谈法需要选择有能力的组织者对整个讨论进行积极的引导和规划。

二、焦点小组访谈法的实施

焦点小组访谈法的目的在于了解受访者心中的想法及原因，即了解受访者的态度、感觉、反应以及问题的发展方向等，关键是要受访者对主题进行充分而详尽的讨论。焦点小组访谈法不是一问一答式的面谈（即个别访谈法），二者之间的区别是“群体动力”和“群体访谈”之间的区别。群体动力所提供的互动作用会使个人的反应刺激到他人，研究者可以从中观察到受访者因此而产生的相互作用，得到更多的信息。

开展焦点小组访谈法，事先需要进行受访者抽样，样本的抽样不能是偶然和随机的选择，被邀请来的受访者必须是对这一研究领域感兴趣且具有一定相关性的人员，这样他们提供的信息才有可能符合研究目的。不同于问卷调查法，焦点小组访谈法对人数要求较少，因此，选择受访者时一定要严谨，可以按照人口统计学上的分类标准，用身份、社会地位或者研究者想要获得的变量进行选择。此外，调查发现，人们同意参加焦点小组访谈的动机依次是报酬、对话题感兴趣、有空闲时间、对焦点访谈小组好奇、它提供了一个表达的机会，所以，给予受访者一定的报酬会提高他们的参与积极性。

焦点小组访谈的受访者不设固定的数量，如戴维·莫利（David Morley）在他的代表性研究中访谈了29个小组，每组大约5—10人；小阿瑟·迈耶·施莱辛格（Arthur Schlesinger Jr.）等人的“妇女和电视暴力”研究访问了14个小组，每组大约5—9人；杜兰特（Durant）组织了12个小组，每组大概7—9人。总之，每组人数最好不要超过10—12人，人数过多会使部分受访者失去表达的机会；当然，人数过少也会影响信息产出，最理想的人数是6—10人。

访谈地点的选择要考虑研究目的和条件因素，一般建议选择办公室、家里或者一些公共场合，尽量让受访者感到自然、放松；研究者还可以准备一些零食；座位要以圆圈的形式进行安排和摆放，以使受访者感觉到彼此间的平等……这些措施都有利于受访者深入探讨研究主题。

在进行焦点小组访谈的过程中，主持人起着关键性的作用。他需要促进和推动受访者之间的讨论，而不是控制或过度引导讨论的进行。这个度很难把握，对主持人的能力要求较高。一般来说，主持人要具备良好的理解和观察能力，不仅要理解受访者说出的内容，而且还要理解一些潜台词，更要观察并收集受访者的肢体语言和一些细节性的信息。此外，主持人在讨论的过程中要引导受访者重点讨论访谈提纲中的焦点问题，使受访者发言内容和时间取得平衡，避免出现意见领袖控制话题走向的情况。在具体的讨论过程中，主持人要先组织友好的介绍，然后由一般问题过渡到具体问题，使用探索的方法促进互动，使讨论范围缩小或扩大到新问题。同时，主持人应鼓励受访者，如眼神接触和点头。在讨论结束时，主持人总结讨论结果，要求受访者提供他们认为重要但却没有讨论的主题。这种做法可以收集一些没有在讨论中出现但有价值的数据。当然，主持人的角色可以由研究者自己担任，这样做的好处是研究者对研究项目有很清楚的认知，所以实际操作会更熟练，但同时也可能出现研究者情不自禁地将讨论引向研究假设的问题等情况，这些都需要研究者自行把握。

录音可以让焦点小组访谈的数据以最小的形式被保存下来，再在后期进行文字转录。最好的方式是录像，受访者的肢体语言和面部表情都能被很好地记录下来。研究者最好给每个受访者提供纸和笔，让他们写下一些额外的信息。研究者也要写现场笔记，记录当时的感受和细节性信息，以方便文字资料的分析。

通过焦点小组讨论而产生的数据分析是定性的，所以，当人们被问及态度和价值观等问题时，他们的即时反应便是分析的焦点。分析过程最好由主持人和现场的研究者一起完成，以减少主持人或研究者的偏见。

▶本章小结：

1. 访谈按照访谈过程的控制程度大小被分为结构式访谈、无结构式访谈和半结构式访谈；按照正式程度，访谈可分为正规访谈和非正规访谈；根据受访者人数多寡，访谈可分为个别访谈和集体访谈。

2. 访谈的准备工作包括明确访谈目的、访谈对象和访谈问题。
3. 设计访谈提纲一般有五个步骤，分别是明确访谈目的；选择的访谈对象要能提升样本的代表性；优化访谈问题，合理设置访谈提纲；设置预访谈，调试访谈提纲以实现其合理性；重视访谈的注意事项，提升访谈的效率和精准度。
4. 访谈结构一般为开场—热身—主体—冷却—结束。开场时要注意营造轻松、愉悦的访谈氛围，结束时回归日常话题，打开未来联系的可能性。
5. 访谈过程中要听多于说，注意观察并记录好重要的非语言线索，要允许沉默，保持中立原则，不必完全按照访谈提纲提问题，出现误解情况时不要急于辩解，要留给受访者足够的发言时间。
6. 焦点小组访谈法相比一对一访谈更节省人力、物力和财力，群体内部的动力作用能够刺激彼此更深入地理解研究主题。在研究中，它很少单独使用，经常与问卷调查法、观察法和内容分析法等结合使用。
7. 焦点小组访谈的实施步骤可以总结为：间接陈述研究问题、确定组织者（主持人）、参与者抽样、组数和人数设计、选择访谈地点、选择数据收集方式、数据分析。

►关键术语：

1. 结构式访谈：指研究者根据事先设计好的有固定格式的问卷进行提问，按照相同的方式和顺序向受访者提出同样的问题，受访者只能在备选答案中进行选择，这是一种控制程度较高的访谈方法。
2. 无结构式访谈：与结构式访谈法相比，它事先不需要制定统一的问卷、表格和访问程序，研究者可以按照一个大致的访谈主题或题目进行自由的交谈。
3. 半结构式访谈：是一种根据但不限于预先设定的提纲进行的访

谈，要根据受访者的回答进一步探寻和挖掘答案。该方法对访谈对象的条件、所要询问的问题等只有一个粗略的基本要求。

4. 焦点小组访谈法：是指由一名组织者（主持人）邀请一些人自然而无约束地讨论某些问题，它不是单独访问一名受访者，而是同时访问若干名受访者。

▶思考与研讨题：

1. 半结构式访谈的定义是什么？
2. 访谈法的步骤都有哪些？
3. 访谈过程中需要注意哪些问题？
4. 试着以“微信使用对大学生生活的影响”为主题，写出焦点小组访谈法的实施步骤。
5. 试着和同学组织一次焦点小组访谈会议。

▶延伸阅读：

1. 尹连根，刘晓燕.“姿态性融合”：中国报业转型的实证研究［J］. 新闻与传播研究，2013（2）：99–112.
2. 郑素侠. 媒介使用与农民工子女的城市形象认知：基于河南省三所农民工子弟学校－的实证研究［J］. 新闻大学，2016（2）：38–44.
3. 季一凡. 由在线旅行品牌Feekr看品牌原型下的品牌个性传播［J］. 传播力研究，2017（7）：238.
4. 周丽玲. 认知偏见与网络口碑的传播效果：对网购人群的焦点小组访谈研究［J］. 新闻与传播评论，2013（1）：134–143，214，225.

附录：访谈记录表（参考）

课题名称				**指导教师**	
访问者				负责人	
被访问者		工作单位			
职务 / 职业		专业 / 专长		联系电话	
访问时间		访问地点		访问方式	
访问主题					
访问目的					
访问提纲					
访谈情境					
经历反思					
备注					

第八章　观察法

▶章节大纲：

1. 什么是观察法；
2. 观察法的类型；
3. 观察法的实施步骤；
4. 观察法的特点及应用。

▶章节内容：

本章介绍了有关观察法的一些内容，通过对观察法的概念、类型、特点以及应用等进行描述，构建了一个较为完整的观察法知识脉络。首先，从观察法的起源和概念出发，介绍了观察法的构成要素和基本原则。其次，从观察法的分类来系统地剖析观察法，展示了不同情况下不同观察方法的选用。最后，通过分析观察法的特点来帮助大家更好地使用不同的观察方法。

第一节　什么是观察法

一、观察法的起源

1890 年，德国人保罗·果赫（Paul Gohre）以学徒的身份在一家工厂工作、生活了 3 个月，他每天晚上回到家都要做非常详细的笔记，凭借这种方式来研究工厂的生活状况，这种研究方式实质上就是观察法。果赫的著作深深地影响了许多学者，包括社会学家马克斯·韦伯（Max Weber）。20 世纪 20 年代，英国人类学家布罗尼斯拉夫·马林诺夫斯基（Bronislaw Malinowski）把田野工作当成一个新方法，主张“在直接观察与当地人的陈述以及观察者推论”之间做出区别。他认为，社会研究应该直接与当地人互动，与他们生活在一起，学习当地人的风俗习惯、信仰和社会交往过程。[①] 20世纪中期，美国的威廉·H. 怀特（William H. Whyte）对纽约的意大利社区进行了长达三年半的深入研究，称其为“参与观察法”[②]。20世纪40年代到60年代末，芝加哥学派把参与观察法发展成一种独特的技术——扩大应用人类学模型来探究研究者自己社会内的团体与情境。于是，观察法形成了三个原则：研究自然状况或情境下的人群；通过直接与人互动的方式来研究他们；获得对社会和世界的了解且对成员的观点提出理论陈述。

二、观察法的概念

如果把社会科学研究看作一座日益高耸的摩天大楼，那么观察法无疑是这座高楼必不可少的地基，任何社会科学研究都离不开对观察法的运用。在社会科学研究中，观察法是指研究者带着明确的目的，用自己的感官和辅助工具去直接观察研究对象，从而获得相关信息的一种方法。与人们在日常生活中对于各种事物的观察相比，社会科学研究中的观察法具有目的性、计划性、系统性和可重复性等特点，要求观察者在观察结束后能够得出全面、系统、科学的实质性结论。

传统的观察法往往运用人的感官系统去搜集信息，新媒体时代的到来打破了这一局限性，人们可以运用高清相机、录音笔等高科技产品来记录动态现场，这大大增强和扩展了观察法的实用性和适用范围。

三、观察法的构成要素

研究者在使用观察法来进行社会科学研究时，往往会事先考虑自身的定位、具体的观察方法并拟定观察对象的基本属性，这就包含了观察法的三大基本要素：观察者、观察方式和观察对象。

观察者一般由研究者本人充当。观察者需要具备敏锐的洞察力、高超的谈

---

① 沃尔科特. 田野工作的艺术［M］. 马近远，译. 重庆：重庆大学出版社，2011：49.

② 范明林，吴军. 质性研究［M］. 上海：格致出版社，上海人民出版社，2009：23.

话技巧和经验丰富的临场应变能力。观察前要做好充足的物质和精神准备，做好各项应急预案，防止不必要的意外发生。观察中要高度集中注意力，记录下有价值的瞬间和持续的场景。观察后要趁热打铁，及时回忆和整理已收集到的资料，防止因时间过长而导致记忆模糊。

观察方式是指观察者进行观察研究时所采用的方法。比如，可以用视觉、听觉和触觉等感官来进行直接观察，也可以通过文献调查、实地调查和人物访谈来进行间接观察。通常，结合两种方式可以使研究更加深入。

观察对象是由观察者事先确定的、具备某种特质的群体，通常这个群体具有代表性或在某种现象中处于关键性的位置、发挥着举足轻重的作用。通过对观察对象进行调查和分析，观察者可以得出实质性的研究结论。

四、观察法的基本原则

观察法在实施前必须遵循以下四个原则：

（一）全面性原则

在运用观察法进行社会调查时，观察者应尽量多方面、多角度、多层次地进行观察，系统地展现事物或者事情发展的全貌，深入发掘事物的本质，还原事物的本来面貌。

（二）真实性原则

真实性原则对观察者提出了以下要求：第一，密切关注各种现场细节，详细做好观察记录；第二，确定范围，不遗漏偶然事件，不错过突发事件；第三，加强理论与实践的联系，理论指导实践、实践发展理论。

（三）计划性原则

观察者在进行正式的观察活动前必须制订严密的组织计划，要有充足的知识准备，要对观察对象的情况了如指掌。在观察过程中要努力消除干扰，求得系统、准确的观察结果。

（四）法律和道德原则

任何研究活动都必须遵循宪法和相关法律法规，不符合法律法规要求、违反社会基本道德规范的观察方式应该坚决予以抵制。

第二节 观察法的类型

一、实验室观察法和自然观察法

观察法根据观察地点和组织条件，即观察场所和控制条件的不同，可被划分为实验室观察法和自然观察法。

（一）实验室观察法

实验室观察法也称“条件观察法”或者“控制观察法”，是指观察者在人为控制研究对象的条件下进行的观察，通过利用特定的器具和材料，有目的、有步骤地进行实验操作并观察、记录分析，发现或验证科学结论的一种方法。实验室观察法有一定的条件要求，观察的范围和对象受到一定的局限，因此在社会科学研究中很少被使用。

20 世纪 70 年代，美国心理学家阿尔伯特·班杜拉（Albert Bandura）在大量实验研究基础上建立了现代社会学习理论，对人的观察行为作出了比较全面而客观的解释，他主要使用的研究方法就是实验室观察法。20 世纪 60 年代，班杜拉开始关注“模仿与儿童个性发展”问题，其首篇以模仿为标题的文章发表在 1961 年《变态心理学和社会心理学》上，讨论了“在模仿榜样攻击行为条件下，攻击行为的传播”问题。在这篇文章中，实验者在实验室条件下将 37—69 个月大的 72 名儿童（36 名男孩和 36 名女孩）分成控制组、实验组和对照组 3 个组，对他们模仿榜样攻击行为的情况进行了观察。实验发现，攻击榜样小组的儿童要比无攻击榜样小组的儿童表现出更多的攻击行为，男孩比女孩表现出更多的攻击行为。当榜样是男性的时候，攻击榜样小组的男孩会显示出更多的攻击性，女孩则会表现出更多的身体攻击行为。当榜样是女性的时候，攻击榜样小组的女孩表现出更多的言语攻击行为。该研究奠定了班杜拉后续研究的基础，其研究范式也决定了后续研究的基调。虽然班杜拉在研究成果呈现中偶尔也会引用人种志的案例——他曾经引用夏尔·贝特兰（Charles Bettelheim）对纳粹集中营中俘虏模仿行为的人种志分析，但实验研究的方法仍然是其核心方法。实际上，实验研究的范式与班杜拉对模仿或观察学习的认识密不可分。①

实验室观察法具有以下优势：首先，实验室观察法具有极强的严密性、精确性和可重复验证性，在观察的过程中，所有的观察变量都是在实验室的控制下进行的，这在很大程度上避免了因观察者的主观情绪而造成的误差，观察程序的标准化和观察问题的结构化也最大化地保证了观察结果的客观性。其次，实验室观察法在得天独厚的实验室环境下可以收集研究对象自然发生的最真实、最完整、最全面的行为资料，这是其他观察法无法比拟的。

但是，实验室观察法也受到一定的限制。首先，实验室观察法对于观察者和观察条件都有着很高的要求，观察者必须事先充分了解观察对象的相关资料，要制订完整的观察计划，要能够熟练地运用各种观察工具。在所有观察方法中，实验室观察法的使用条件相对较高，前期准备时间略长，不适用于大部分观察对象。其次，实验室观察法在使用范围上也有局限性，很多社会现象和人类行为，如集群效果或隐私行为，都不可能在实验室控制中发生，也无法通过操纵观察对象来达到一个理想的观察状态。而那些可以在实验室中观察到的社会现象和人类行为——由于实验室观察法要对观察变量进行严格的控制、对观察对象进行人为的操纵，难免在一定程度上失去人类生活的现实性，导致在实验室观察中得到的结果不具备普遍性，无法直接推论到实验室以外去解释现实生活中的社会现象。

（二）自然观察法

自然观察法也称“实地观察法”，是指在自然条件下对观察对象进行观察的方法，更强调观察对象的自然性和客观性。除了地点和场景不同之外，自然观察法和实验室观察法的差异更主要地表现在：自然观察法不对观察场所和

---

① Bandura A，Ross D，Ross S A.Transmission of aggression through imitation of aggressive models［J］. Journal of Abnormal and Social Psychology，1961（63）：575–582.

观察对象进行任何的控制和操纵，而是实地深入到现实生活中对实际发生的社会现象进行观察。自然观察法是人类学家偏爱并经常使用的一种研究方法，以前主要用于研究原始社区和少数民族群体。加拿大著名社会学家欧文·戈夫曼（Erving Goffman）曾作为一名观察者，在一家精神病院里待了好几个月，他用自然观察法对精神病院如何有计划地使病人丧失个性甚至加重他们的病情做出了详尽的说明。

自然观察法的优势主要有：第一，自然观察法无须制订严密的观察计划，因而具有更大的观察弹性，可以根据需要随时、灵活地修正研究设计，从而更好地对观察对象展开研究。第二，自然观察法因为追求自然的观察状态，所以其更接近生活的真实性，能够自然而真实地反映观察对象的现实状况，也更能够对社会现象进行深入的考察。第三，自然观察法特别适合用于研究观察对象行为和态度之间的细微差异、长时间的社会过程等。

自然观察法的劣势主要体现在以下三方面：第一，在自然状态下，观察者无法直接控制和影响观察对象的行为和事件的发展，因此观察的结果往往不尽如人意，在效率上无法与实验室观察法相提并论。第二，自然观察法通常容易受观察者个人倾向的影响，缺乏实验室观察法的严密性和精确性，观察结果的可重复验证性也比较差。第三，自然观察法无法承担相对复杂的大型研究观察活动，只能作为初期搜集资料的方法使用，抑或作为其他观察方法的辅助方法。

二、参与式观察法和非参与式观察法

根据观察者在观察过程中所扮演的角色，或者说以观察者是否参与观察对象的活动为标准，观察法可分为参与式观察法和非参与观察法。

（一）参与式观察法

1. 参与式观察法的起源

参与式观察法又称介入式观察法或者内部观察法，是指研究者深入观察对象的生活，在实际参与观察对象日常社会生活的过程中所进行的观察，它是人类学和民族志研究中最常用的研究方法。

较早使用这种研究方法的是英国人类学家马林诺夫斯基。1914—1921 年，马林诺夫斯基先后 3 次在西太平洋上的特罗布里恩德群岛从事当地土著文化的研究，时间长达 6 年之久，他生活在土著人之间，讲当地土语，不仅详细记录了各种内容，而且还凭借敏锐的观察力发现了身边的各种现象。

美国学者怀特认识到了这种研究方法的深入性，他将这种研究方法引入他的研究中。作为参与的观察者，他公开参与观察对象群体并进行观察，为参与观察法在社会学中的有效应用提供了范例。

在哈佛大学青年研究员基金的资助下，怀特于 1936—1940 年对波士顿市的一个意大利人贫民区（即被怀特称为“科纳维尔”的波士顿北区）进行了实地研究。他以被研究群体——“街角帮”一员的身份，置身于街角帮的生活环境和日常活动中，观察、及时记录并分析了游荡于街头巷尾的意裔青年的生活状况、非正式组织的内部结构和活动方式以及他们与周围社会（主要是非法团伙成员和政治组织）的关系，最终得出了关于“街角帮”的社会结构及成员间的相互作用等重要结论，[①] 出版了专著《街角社会：一个意大利人贫民区的社会结构》。

2. 参与式观察法的优势与适用范围

参与式观察法几乎适用于人类生活各个方面的研究，可以用来描述人、物、事的发生与经过，从而使研究者得到第一手资料。使用参与式观察法的研究者受前人思想的影响较少，因而能够获得关于观察对象最丰富、最真实的资料。

美国社会学家丹尼·L. 乔金森（Danny L. Jorgensen）在其所著的《参与观察法》一书中详细划分了参与式观察法的适用范围：

（1）人们知之甚少的现象（新近形成的群体或运动、情感作用、奉行宗教激进主义的学校和人类的即兴行为等）。

（2）局内人和局外人的观点存在严重分歧的现象（管理部门的某些“拍脑袋”决策、医闹现象、外行领导内行现象等）。

（3）在局外人看来模糊不清的现象（私密的互动、有一定门槛的特定职

① 马慧. 参与观察法的引入与深化：读怀特《街角社会》[J]. 阴山学刊（社会科学版），2008（5）：117-120.

业等）。

（4）不为公众所知的现象（犯罪活动、国家重大决策等）。

当然，参与式观察法并不适用于所有的学术问题。只有在至少具备以下基本条件时，运用参与式观察法才最为合适：

（1）站在局内人的角度研究问题，涉及人类的互动和意义。

（2）所研究的现象在日常生活的情景和场景中可以被观察到。

（3）研究者能够进入合适的现场之中。

（4）现象的规模和范围都很有限，只能作为个案研究。

（5）所研究问题可以用质性资料加以说明，这些资料可以通过直接观察和其他方法来收集。①

参与式观察法还常常运用于人类学、社会学、案件侦破和党政工作等观察研究中，对某些不甚了解的问题追根究源、查明原委和症结。参与式观察法的特点就在于通过亲身体验，掌握第一手资料来发现一些未曾料到的情况、问题和经验。例如，"蹲点观察"和"新闻采访"都属于参与式观察法的范畴。参与式观察法在具体运用时需要注意以下三点：

第一，要有充足的思想准备。参与式观察因为其自身的局限性，难免会在观察中陷入困境，因此需要观察者预留充足的观察时间。观察者自己也要有高度集中的注意力和吃苦耐劳的精神，以便应对随时可能出现的意外情况。

第二，要能够尽快融入其中。观察者能否适应观察对象所在区域的情况直接决定了观察的效果，观察者的参与观察能否成功在很大程度上取决于其能否被观察对象所接纳。

第三，要能够在"融入其中"和"跳出角色"之间来回切换。观察者不仅需要尽快融入其中，而且需要时刻谨记自身肩负的责任，在关键时刻及时"跳出"，回归观察者的角色，切忌深入角色或者场景而不能自拔。

3. 参与式观察法的缺陷

参与式观察法因为需要观察者深入观察对象的生活，因此在很大程度上依赖观察者自身的敏感性、领悟能力和观察技巧，经验丰富的观察者可以通过细

---

① 乔金森. 参与观察法［M］. 龙筱红，张小山，译. 重庆：重庆大学出版社，2009：2–3.

微的线索来获得自身需要的资料，而经验欠缺的观察者则可能收效甚微。

观察者亲身体验观察对象的生活，可能会影响观察对象的日常状态，使获得的资料出现误差，导致研究结论缺乏客观性和真实性。

通过参与式观察法搜集而来的资料多少带有观察者的主观倾向，最终的结果可信度较低。

4. 参与式观察法中观察者的角色

在参与式观察法中，观察者作为亲身经历者，其一举一动都影响着观察的过程和结果。对于观察者应当在参与式观察中扮演什么样的角色这一问题，众多学者众说纷纭。目前来看，有关观察者现场角色的各种观点可被划分为四种角色说、三种角色说和两种角色说这三大类。

第一，四种角色说。阿兰·布瑞曼（Alan Bryman）在其著作《社会研究方法》中指出，关于角色划分问题，引用最为广泛的是雷蒙德·戈尔德（Raymond Gold）关于参与观察者角色的分类，根据观察者涉入观察情景的程度可以划分为完全参与者、作为观察者的参与者、作为参与者的观察者和完全观察者这四种。①

第二，三种角色说。丹尼尔·查姆布里斯（Daniel Chambliss）和拉塞尔·斯科特（Russell Schutt）在其著作中提出了三种角色的分类：完全参与的角色、参与和观察混合的角色以及完全观察的角色。②

第三，两种角色说。艾尔·巴比（Earl Babble）在其著名的《社会研究方法》一书中只划分出两种主要的角色：完全参与者和完全观察者。③风笑天在《社会学研究方法》一书中也列出了两种角色，一种是作为观察者的参与者角色，另一种角色是作为参与者的观察者或隐蔽观察者角色。

总结以上观点可以发现，无论划分为几种角色都离不开两个核心观点，即观察者是否参与活动和观察者的身份是否公开。只要解决了这两个核心问题，那么具体的划分则可以根据实际情况而定，无须拘泥于某种固定的形式。④

① BRYMAN A.Social research methods：2nd edition［M］.Oxford: Oxford University Press, 2004：301–302.

② CHAMBLISS D, SCHUTT R. Making sense of the social world：methods of Investigation. Thousand Oaks：Pine Forge Press. 2003：166–168.

③ 巴比. 社会研究方法：第 11 版［M］. 邱泽奇，译. 北京：华夏出版社，2018：153.

④ 风笑天. 论参与观察者的角色［J］. 华中师范大学学报（人文社会科学版），2009（3）：39–44.

（二）非参与式观察法

非参与式观察法又称非介入式观察法或者局外人观察法，是指观察者置身于被观察的活动或团体之外，不干预其发展变化，只在外部记录观察对象的行为表现或者活动进程，以局外人的身份对观察对象进行观察的一种研究方法。最理想的非参与式观察是观察者隐蔽起来或者隐藏自己的意图进行暗中观察，使观察者一点都意识不到自己正在被观察，因而自始至终处于一种相对自然的状态，从而保证观察结果的客观性。非参与式观察常被用来研究儿童的行为或在公共场合及闲暇活动中人们的行为。实验室观察法是典型的非参与式观察，非参与式观察既可以是结构式观察又可以是非结构式观察。

一般情况下，非参与式观察法的观察周期相对较短，观察内容简单，因此只能获取表面的资料，无法得到关于观察对象丰富、深层次的信息。但是非参与式观察法克服了观察者对观察对象的干扰问题，保证了研究结果的客观性、真实性。20 世纪 70 年代，美国反淫秽书刊委员会选取了一些城市的“成人”书店作为隐蔽的观察点，采用非参与式观察法记录了每一个出入书店的顾客的特征，为制定相关政策提供了依据。

书店观察表

观察开始时间________结束时间________

个人情况：A. 男　B. 女

婚姻状况：A. 已婚　B. 单身　C. 不知道

年龄估计：10 岁以下□　11–20 岁□　21–30 岁□　31–40 岁□　41–50 岁□　51–60 岁□　61 岁以上□

职业或身份：__________不知道□

单独一人□　　同________个同伴　同谁？__________

进书店时的最初行为：__________

同服务员的接触情况：__________一个也没接触□

同其他顾客交谈情况：__________一个也没交谈□

翻阅书籍情况：______________一本也没翻阅□

评价目的性：有目的的　　　　　浏览的

|____|____|____|____|

0

图 9–1　美国反淫秽书刊委员会书店观察表范本

三、结构式观察法与非结构式观察法

根据对观察过程的控制程度、观察内容的标准化程度、对观察对象的控制程度、观察提纲的详细程度等，观察法可被分为结构式观察法和非结构式观察法。

（一）结构式观察法

结构式观察法是指严格地界定研究问题和观察项目，依照一定的顺序进行观察，采取标准化的工具进行记录的一种研究方法。结构式观察法具有明确的目标、问题和范围，有详细的观察步骤、计划和合理设计，是一种可控性观察方式。结构式观察法通常能够获得比较详细的资料，能对观察资料进行定量分析和对比研究。结构式观察法一般包括非参与式观察法和实验室观察法。

美国哈佛大学罗伯特·F. 贝尔斯（Robert F. Bales）对小团体内部成员互动过程的研究就使用了结构式观察法。贝尔斯于 1950 年提出了一种方法来分析团体成员之间的相互影响，他发现在一个没有正式领导人的团体中，团体成员间相互影响的行为共有 12 类。他请了 22 个互不相识的男孩分成两队到郊外去露营，两队营地的距离相当远，互不来往。一个星期后，两队各自形成了内部团结、友好的团体。在实验的第二阶段，他安排两队进行棒球、拔河等比赛。因为两队必须争出胜负，所以他们开始彼此敌对，甚至互相谩骂。在实验的第三阶段，贝尔斯又安排两队必须进行协作，如共同修理被损坏的营区水塔、郊游的汽车等。经过几次协作交往后，两个团体逐渐消除隔阂，合并成为一个新的大团体。贝尔斯又在成人间进行试验，得出了相同的结果，最终形成了与团体成员互动过程相关的理论。①

（二）非结构式观察法

非结构式观察法是指对研究问题和观察项目没有严格的界定，对观察的结果也不采用标准化的记录方式的观察，依据现象发生、发展和变化的过程进行自然观察的一种研究方法。非结构式观察法对于研究问题的范围和目标采取自然的态度，是一种不预设观察项目与观察步骤，没有明确要求的非控制性观

---

① 毕蛟. 贝尔斯、谢里夫关于团体分析和竞争的理论［J］. 管理现代化，1990（1）：49-50.

察手段。非结构式观察法是实地研究和自然观察的主要方式之一，具有以下优缺点。

第一，不严格界定观察项目，也不受标准化记录方式的约束，虽然能够使观察对象处于一种相对自然的状态，但是在观察和记录过程中容易受到干扰、产生误差，从而对观察结果造成不同程度的影响。

第二，非结构式观察法灵活、弹性大、机动性强，所收集到的资料并不会受到事先规定的观察项目和记录标准的干扰或限制，能更深入、全面、客观地收集和反映事物本来面目的真实信息。但是，因为不同的观察者会带来不同的主观倾向，所以非结构式观察法所收集的资料缺少信度，难以重复验证。并且，非结构式观察法所获得的资料没有统一的形式，通常只能进行定性分析，这给验证观察结果造成了不小的阻碍。

四、直接观察法和间接观察法

如果以观察者是否通过中介物来进行观察作为判断依据，根据观察的对象是正在发生的社会现象或人的行为，或是社会现象和人的行为发生后留下的痕迹，那么观察法还可以被划分成直接观察法和间接观察法。

（一）直接观察法

直接观察法是一种凭借人的感官对正在发生、发展和变化的社会现象或人的行为痕迹进行观察和记录来收集资料的方法。直接观察法最大的特点就是直观，实验室观察法和自然观察法、参与式观察法和非参与式观察法、结构式观察法和非结构式观察法一般都属于直接观察法。

直接观察法的优点主要体现在以下两方面。

第一，通过直接观察所获得的资料具备真实性、生动性和丰富性等特点。第二，因为观察者亲临现场，通过结合自身经验和多方面信息能更准确地推断或寻得某个行为的意义、某个现象的本质。

直接观察法的缺点在于，当观察者在场或者观察对象意识到自己的行为正在被观察时，观察对象的行为表现和社会现象的正常进行可能会受到影响，从而影响观察所获得的资料，进而影响结论的真实性和客观性。

（二）间接观察法

间接观察法是一种通过一定的技术手段对社会现象或人的行为痕迹等进行观察和记录，以便收集用来反映和推断此前发生各种现象的资料的方法。由于间接观察法能够突破时间和空间的限制，扩展观察的广度和深度，因此与直接观察法相比它能更加全面地反映观察对象的全貌。

根据观察内容性质的不同，间接观察法可被分为物质痕迹观察法和行为标志观察法。

物质痕迹指的是人们的行为作用于某种物质而产生的变化。根据物质痕迹的不同性质，美国社会学家韦布（Webb）将物质痕迹分为磨损测量和累计物测量。比如，考古学家通过发掘古人的遗留物可以研究人类的历史发展和生活变迁，心理学家通过研究课桌上的文字和图画可以推断大学生的思想和情感倾向。

行为标志观察法指的是通过观察能够作为行为标志的现象来推断人的行为方式或价值观的一种方法。比如，研究者在不同的城市、不同的时间将一些写有地址的信件或物品故意丢在街道上，然后统计这些信件或物品被寄回或被送回的比例，以此来推断不同城市居民价值观的差异。

间接观察法的优缺点主要体现在以下两个方面。

第一，由于观察是间接的，观察对象的行为不会受到观察者的影响，可以收集到反映真实状况的资料。

第二，间接观察法的资料效度低，无法考证所观察的痕迹和标志是否真正反映了所要研究的行为和现象，即使能够反映，也很难判断这种痕迹和标志或彼此之间的关系是否具有普遍性。

五、其他观察方法

除了上面提到的四大类观察方法以外，还存在着一些不常用的或部分被包含在其中的观察法。

（一）公开观察法和隐蔽观察法

公开观察法是一种观察对象能够察觉到观察者所进行的观察活动，或者观察活动在观察对象知情的情况下开展的观察方法。与之相反的隐蔽观察法是指在观察对象不知情的情况下开展的观察方法。

（二）时间取样观察法和事件观察法

时间取样观察法是指在选定的时间范围内开展观察活动，对这段时间内发生的各种行为与事件做出全面的观察与记录的方法。事件观察法是指对某种与研究有关的、预先确定的、有代表性的行为，从现象的背景、起因、经过、结果和持续的时间等方面进行观察和记录的方法。

（三）偶然观察法和系统观察法

偶然观察法又称随机观察法，是指偶然地、无目的地、无计划地发现和记录一些事实的方法。通过这种方法所获得的资料不全面，也不具备科学性和系统性。但是，偶然观察法能够扩大人们的感性认识，启发人们的思维，导致新的发现。

系统观察法与偶然观察法相对立，是指在一定时间内有计划、有规律地观察和记录观察对象的行动、形势和发展过程的方法。控制观察法、自然观察法等都在系统观察法的范畴之内。

第三节　观察法的实施步骤

观察法的实施一般可分为三个阶段：观察的准备阶段、观察的实施阶段和观察资料的审核、整理与分析阶段。

一、观察的准备阶段

（一）明确观察目的

在实施观察之前首先要制定一个主题，提出观察原因。观察目的要明确，研究思路要清晰，观察者要明白自身想通过观察得到哪些方面的资料。

（二）确定观察范围

在确定观察目的之后，要开始进行初步的研究，即确定观察的对象、时间、地点和方法等，搜集有关观察对象的文献资料，对于所要观察的研究问题有清晰的理论化认识。

在确定观察范围时，应注意以下四个问题：

第一，尽量将观察对象具体化，给予明确的限定；同时，所确立的观察对象与观察目的应有本质上的联系，能较全面地反映与研究课题有关的某些特征的变化。

第二，所确立的观察对象是便于观察、记录的具体内容。

第三，观察的方式尽量选择量化处理。数据远远要比文字更具说服力，也便于日后的分析处理。对于定性的材料，要考虑如何归纳与分类；对于定量的材料，要考虑所选用的数据统计处理方式。

第四，观察指标不可以模棱两可，一定要客观、准确，彼此之间不能存在交叉关系，否则观察与记录时会无法准确分类。

（三）制订观察计划

观察计划是对整个观察进程的预先安排，包括明确细分观察的内容、确定观察的重点和其他特别需要注意的问题等。完整的观察计划应该包括规定明确的观察目的、重点、范围、要搜集的材料、观察的次数、每次观察的时间、采用的仪器、编制哪些表格以及表格填写的要求等内容。

（四）精神、理论和物质准备

在正式观察前，要有充足的准备以预防随时可能出现的意外，这包括精神上的准备（长时间观察可能导致身体疲惫）、理论上的准备（对观察时可能出现的突发状况制定应对方案）和物质上的准备（观察仪器的调试等）。这些准备是保证观察成功的基本条件。

观察前的准备工作大致有以下六项：

（1）明确观察的目的和意义。

（2）确定观察方式（采用什么观察方式受观察目的和所需收集的资料性质

决定)。

(3)确定观察的对象和内容(观察的对象和内容受观察目的和观察方式的影响，观察的内容包括情景、人物、目的、社会行为、频率与持续期等)。

(4)确定观察的工具和记录方式。

(5)确定观察的时间和地点。

(6)预设观察过程中可能遇到的问题并提出解决办法。

二、观察的实施阶段

观察的实施是整个观察研究过程中至关重要的一个环节，也是最具重要意义的一步，它的任务是按照观察方案所规定的内容和步骤，系统、客观、准确地通过观察获取相关的资料。观察的实施是否顺利关系到能否收集到研究所需要的客观、准确的资料，这直接决定了观察的成败。

(一)进入现场

进入现场要注意两点：一是要选好观察位置，好的角度和光线能保证观察结果有效、全面和精确；二是不要惊扰观察对象，也不要与观察对象打成一片。如果采用间接观察法、非参与式观察法，最好不要让观察对象知道；如果采用直接观察法、参与式观察法，则要与观察对象建立和谐、良好的关系，以免观察对象产生戒备心理。

(二)实施观察

在实施观察时，看、听、问、思、记等要互相配合以达到最佳效果。要注意对变量进行操纵与控制，这是实验室观察法的重要步骤。

1. 观看

这是最主要的观察方式。凡是与观察目的有关的行为反应和各种现象都要仔细观看。

2. 倾听

凡是现场发出的声音都要听，特别是观察对象的发言更要仔细地听。

3. 询问

在进行直接观察时，观察者可面对面询问观察对象有关问题，从而更加直观、方便地获取相关信息。例如，可以问“这个问题你是怎么想的？”

4. 查看

现场查看与观察目的有关的资料，或者查看观察对象所处的场所位置等。

5. 思考

从现场开始获取信息时就要进行思考、分析，随着观察活动的深入进行和观察资料的积累，逐步形成自己的初步看法。另外，还要灵活运用触、摸、尝、嗅等方式。观察时要及时做好现场记录。

（三）记录观察资料

测量并记录观察资料是观察过程中最重要的环节，观察的成果和结论都需要观察资料作为数据支撑。实施观察最核心的工作是对观察的对象或社会现象进行观察并记录下相关信息。记录观察资料可以采取当场记录和事后记录两种方式。

记录要注意以下三点：

第一，记录要准确。要尊重客观事实，有什么记什么，不能主观臆造，更不能凭空捏造。只有真实、客观地记录才能得出准确、可靠的观察资料。

第二，记录要全面。要根据观察内容将全部情况都记录下来，不能随便丢掉一些现象，否则就可能导致整个观察的失败。

第三，记录要有序。要按事情发展的固有顺序记录，不能随意颠倒。记录的有序性不仅能为下一步研究工作打下基础，而且很可能从中揭示出观察对象内部的联系和规律。

三、观察资料的审核、整理与分析阶段

观察活动结束后，首先要进行的工作就是对资料的审核。观察获得的资料不能简简单单地纳为己用，而是要经过审核、整理和论证分析，确认资料的真

实性后才能作为观察数据写入研究报告。

（一）检查整理资料

对资料的检查要注意以下三个方面：

第一，检查观察资料是不是严格遵循调查计划而获得的。如果能用多种方法收集相关的资料，则应把通过观察获取的资料和通过其他方法获取的资料进行比较、核实，其中不匹配的地方要慎重检查，减少误差。

第二，当观察是以小组为单位进行时，要随时将获取的信息同其他小组所取得的信息进行比较、核实，谨防因个人疏漏而造成观察资料不完整或者信息错误等问题。

第三，对于比较重要的问题，要注意观察时间的长短，精简过长的观察；对于不值得注意的问题要及时切换；对于重点关注的地方可以适当延长观察时间，争取获得更多有价值的观察资料。

（二）论证分析资料

首先，要把所有记录在案的材料加以详细地检查，看分类是否恰当；如果有遗漏和错误，要设法补充记录、改正错误，以免时间久了无法补充和改正。

其次，全面考察整理好的材料，如果还有未搜集到的材料，那么就要延长观察时间，继续观察，一直到所需材料基本齐全为止。

再次，如果观察记录的材料数量较少，按观察记录的时间顺序存放保管即可；如果观察记录的材料数量较多，就要分类存放以便查阅。

最后，整理好记录材料后，要对有需要的材料加以详细说明；要及时清理搜集的材料，以免时间久了，导致遗忘或产生疑问。

（三）提出观点并撰写研究报告

根据对观察资料的分析研究，提出自己的认识并加以论证，最后撰写成研究报告。仅借助自然观察法往往不能完成一个课题的系统研究，通过观察法所收集到的资料常常要与其他研究方法所获得的信息整合之后，才能提出观点并加以阐述。

第四节 观察法的优劣及应用

观察法具有两重性，它既是日常生活中人们感知周围世界、认识客观事物最基本的途径，也是科学研究者探究研究对象、从研究对象那里获取原始资料的重要手段。为了区别，我们将前者称为日常观察，将后者称为科学观察。社会研究中的观察法就是一种科学观察。科学观察一般具有以下特征：

第一，在观察之前提出确切的研究目的或假设，根据研究需要有目的地通过观察获取资料。

第二，需要有系统的观察设计。

第三，需要有系统、完整的记录。

第四，观察过程应避免由主观因素导致的偏见。

第五，观察的过程和获得的资料可以重复查证。

一、观察法的优劣

有人认为观察法既不是调查方法，也不是研究方法，而是一种收集资料或调查研究的策略，因为在应用观察法时，除了必须遵循的基本原则之外，观察研究的内容、观察时间的长短、收集什么性质的资料等都要根据研究目的来制定，而且在观察研究中，如果发现新的问题，则需要随时调整研究内容、修改研究计划。尽管如此，观察法确有其他研究方法所不能取代的用途及特点。

（一）观察法的优点

1. 易操作，应用范围广泛

面谈能了解人们的行为动机，但不能看到人们的行为本身。观察法直接观察人们的行为特点，可以从不能直接进行访问调查或者不便于进行访问调查的研究对象那里获取研究资料，如婴儿、精神异常者的行为等相关资料就不能通过直接访问调查所得到。这是其他调查方法所不具备的优势，因此对人们的行为痕迹进行研究就只能通过观察法进行。

2. 观察时间可控且具有灵活性

研究中深入了解某一社会现象的产生或者某一特定群体的行为及其变化，常常需要一个长期悉心观察的过程。尤其是民族志，为了获得丰富且全面的研究素材，研究者要置身于观察对象的组群活动中，居住在观察现场数周乃至数年以上，其艰苦程度及难度非常高。但是观察现场工作是由研究内容和研究目的确定的，并非一定要整天投身于观察工作。例如，潜心于观察研究的社会学家，常常对某些行为现象制订观察计划，利用工作及日常生活之便，略花时间记录观察结果，经过数月或数年的资料积累，完成分析人的行为特点等工作，预测重要的社会发展趋势。

3. 低干扰性，保证资料的真实性

常规调查方法一般都是通过询问调查对象来获取信息资料，调查对象会产生被研究的感觉，这样就不同程度地导致反应性行为及应答改变。观察法避免了这一缺点，特别是借助一些特殊的设备（如单面透视镜）或特殊的方式（如观察者也是观察对象中的一员），降低了观察对象的反应性，观察者可以在不干扰观察对象的情况下获取最真实的资料。

4. 直接观察，提升研究的可靠性和说服力

用常规调查收集的资料来进行统计分析，往往能得到"很有说服力"的统计量。但是如果调查时没有控制好外在干扰因素对研究的影响，那么就会导致资料准确性差、结果的可靠性低等后果。而观察法是对人的行为进行直接观察，可以很好地控制这方面的偏倚因素，使获得的信息及结果的可靠性较高。

5. 更易获得敏感问题的研究材料

在调查研究中，常常会遇到一些难以用面谈方式来获取信息的敏感性问题，如涉及某些宗教风俗习惯、未开发地区居民的生活行为等。采用观察法，在条件允许的情况下，如可以与观察对象建立信任和友好的关系，消除观察对象的防备心理，则能较好地应对此类问题，获得理想的信息资料。①

① 卢祖洵，杜玉开. 观察法的基本原则和特点 [J]. 中国社会医学，1995（6）：4–5.

（二）观察法的缺点

第一，受发生时间的限制。某些事件的发生是有一定时间限制的，过了特定时间就不再发生，因而一旦错过最佳的观察时机，观察就变得毫无意义。而且，观察法较难观察事物或现象在长时间内的发展变化历程，比如我们对某个社群的文化变迁进行历时性研究时，观察法就具有很大的局限性。

第二，受观察对象的限制。在很多情况下，观察对象不会轻易地接受观察请求，观察者只能进行收效甚微的隐性观察，如研究青少年犯罪问题，有些秘密团伙一般不会让别人观察。观察法也不适合大面积、大规模地使用，用观察法来研究大规模的调查活动所需的人力、物力资源过于庞大，且往往只能窥一斑而不可见全豹。

第三，受观察者本身的限制。一方面，人的感官都有生理限制，超出这个限度就很难直接观察。另一方面，观察结果也会受到主观意识的影响，尤其是参与式观察，它在很大程度上依赖于观察者的敏感性、领悟能力和互动技巧。在参与式观察的整个过程中，主观因素的作用和影响很大，因而很难得到比较客观的评价标准。

第四，观察者只能观察外表现象和某些物质结构，不能直接观察事物的本质和人们的思想意识。因此，观察法可得出的结论只是知其然而不知其所以然，需要再结合其他研究方法一起使用。甚至，当观察对象意识到有观察者在场时，其很可能会改变自己的行为，从而导致其表现与没有观察者在场时的表现有所不同，这使观察者得到的资料可能会在一定程度上被扭曲。

二、观察法的应用

观察法在研究实践中的应用非常广泛，新闻传播学的研究离不开观察法。在运用观察法时，要注意以下四点。

第一，要坚持客观性，采取实事求是的科学态度，不要夹带个人的偏见。

第二，要有目的、有计划、系统地收集资料，不能仅凭个别偶发的行为，便对观察对象作出判断。

第三，在运用观察法所收集的证据不足或把握性不大的情况下，应借助其他研究方法加以弥补或印证。

第四，要掌握观察技巧，按照一定的程序、方式进行观察，随时做好观察记录，定期整理观察资料。

▶本章小结：

1. 观察法是指研究者带着明确的目的，用自己的感官和辅助工具去直接观察研究对象，从而获得相关信息的一种方法。与人们在日常生活中对各种事物的观察相比，社会科学研究中的观察法具有目的性、计划性、系统性和可重复性等特点，要求观察者在观察结束后能够得出全面、系统、科学的实质性结论。
2. 观察法的三大基本要素：观察者、观察方式和观察对象。
3. 观察法的基本原则是全面性、真实性和计划性。观察者还必须遵守法律和道德原则。
4. 按照观察地点和组织条件来划分，观察法可分为实验室观察法和自然观察法；按照角色来划分可分为参与式观察法和非参与式观察法；根据对观察过程的控制程度、观察内容的标准化程度、对观察对象的控制程度、观察提纲的详细程度等，可划分为结构式观察法和非结构式观察法；按照观察者观察的方式，即观察者是否通过中介物来观察作为判断依据，观察法可划分为直接观察法和间接观察法；按照观察对象是否知情可划分为公开观察法和隐蔽观察法；根据研究维度的不同可划分为时间取样观察法和事件观察法；按照研究过程可划分为偶然观察法和系统观察法。
5. 观察法的实施一般可分为三个阶段：观察的准备阶段、观察的实施阶段和观察资料的审核、整理与分析阶段。
6. 与调查研究法、实验研究法以及文献研究法等研究方法相比，观察法更像一种基础性研究方法，始终贯彻社会科学研究过程中的方方面面。
7. 观察法的基本特征是观察者作为真实的社会成员和行为者，参与观察对象的实际社会生活。通过尽可能全面、直观的观察和访谈，收集具体、详细的定性资料，依靠观察者的主观感受和体验来理解其所得到的各种印象、感觉以及其他资料，在归纳、概括的基础上建立起对这些现象的理论解释。

8. 在具体运用观察法时，要具体问题具体分析，因地制宜，根据不同的观察对象来选择不同的观察方法，力求达到最佳的观察效果。

9. 观察前要做好充足的准备，比如各项应急预案，防止出现各种突发问题。在观察的过程中，要时刻保持高度的注意力，认真观察、做好记录，为以后研究报告的撰写提供充足的支撑资料。在观察活动结束后，要整理、分析观察资料，归纳总结，找出其中有价值的问题和线索，展开进一步的研究工作。

►关键术语：

1. 观察法：指研究者带着明确的目的，用自己的感官和辅助工具去直接观察研究对象，从而获得相关信息的一种方法。与人们在日常生活中对各种事物的观察相比，社会科学研究中的观察法具有目的性、计划性、系统性和可重复性等特点，要求观察者在观察结束后能够得出全面、系统、科学的实质性结论。
2. 参与式观察：又称介入式观察法或者内部观察法，是指研究者深入观察对象的日常社会生活，在实际参与观察对象日常社会生活的过程中所进行的观察，它是人类学和民族志研究中最常用的研究方法。
3. 非参与式观察：指观察者置身于被观察的活动或团体之外，不干预其发展变化，只在外部记录观察对象的行为表现或者活动进程，以局外人的身份对观察对象进行观察的一种研究方法。

►思考与研讨题：

1. 观察法是什么？观察法的实施主要分为哪几个阶段？
2. 观察法有哪几种类型？各种不同类型的观察法都具有什么特点？
3. 参与式观察法适用于哪些情况？它有什么缺陷？
4. 试举几个例子来说明几种观察法的区别。
5. 请将观察法与调查法、实验法进行比较，说明它们各自的特点，并列举几个适合不同研究方式的例子。

▶**延伸阅读：**

1. 乔金森. 参与观察法［M］. 龙筱红，张小山，译. 重庆：重庆大学出版社，2009.
2. 申苏尔，勒孔特. 民族志方法要义：观察、访谈与调查问卷［M］. 康敏，李荣荣，译. 重庆：重庆大学出版社，2012.
3. 洛夫兰德，斯诺，安德森，等. 分析社会情境：质性观察与分析方法［M］. 林小英，译. 重庆：重庆大学出版社，2009.

第九章　民族志与网络民族志

▶章节大纲：

1. 民族志的界定、分类及民族志方法的根本原则；
2. 网络民族志的界定；
3. 网络民族志与实地民族志之变；
4. 网络民族志的具体操作。

▶章节内容：

本章分为民族志及网络民族志，重点介绍了网络民族志的内容。首先，简单介绍了民族志的定义及其分类，对民族志的根本原则做了说明。其次，重点介绍了网络民族志及其具体操作，对网络民族志与实地民族志做了比较分析，进而对当前网络民族志发展面临的问题做了研究。最后，以一个网络民族志的典型应用为前面的理论学习进行补充和强化，希望能够为网络民族志初学者提供一定的参考和指导。

第一节　民族志

一、民族志的概念

民族志原指一种叙述体裁，最初由西方旅行家、探险家和传教士等就其所见所闻，如实记录和描述其他民族的地理环境、民风民俗。初期的民族志因为还没有正式形成，因而被后人称为“业余的民族志”。19 世纪 40 年代，人类学出现以后，民族志调查方法逐渐规范，主要用于研究婚姻、宗教制度等。到了 20 世纪 20 年代，马林诺夫斯基①以自己的田野经验，提出了“科学的民族志”的概念，系统地确立了民族志的基本准则和研究规范。

在此之后，民族志的研究范畴不断扩展，除了传统的体质人类学、社会文化人类学之外，还出现了诸如政治人类学、法律人类学、历史人类学、教育人类学等分支。经由社会文化人类学磨炼而成的民族志方法，被许多研究领域所应用，例如市场学、护理学、社会工作等。

总之，对于民族志的理解，不外乎三个层面：一种方法（或研究策略）、一种文本类型和一种研究取向。通常，人们对于民族志的理解主要指向第一个层面，即作为方法（或研究策略）的民族志。使用民族志方法所生产出的文本，也被称为民族志，这是第二个层面。第三个层面所说的研究取向，则指向“使我们的研究对象的活动和有关社会话语‘言说’具有意义的那些概念结构；建构一个分析系统，借助这样一种分析系统，那些结构的一般性特征以及属于那些结构的本质特点将凸显出来，与其他人类行为的决定因素形成对照”②。

二、民族志的分类

根据民族志的发展阶段，可以简单地把民族志划分为三种类型，即“业余民族志”“科学民族志”和随着民族志的不断发展而产生的新类型——“反思民族志”。除此之外，由于民族志在不同学科中的运用，其他类型的民族志也相应产生（见图 9–1）。

---

① 马林诺夫斯基 (1884—1942) 是英国社会人类学家，被称为“民族志之父”。他最大的贡献就是提出了新的民族志写作方法，使民族志研究拥有了科学性并成为一种被学界广泛认可的研究方法。从马林诺夫斯基起，几乎所有的人类学家都必须到自己研究的文化部落住上一年半载，使用当地的语言参与部落的生活，甚至和土著建立友谊。而这些，都是为了完成一份马林诺夫斯基式的民族志记录。

② 格尔兹. 文化的解释［M］. 纳日碧力戈，等译. 上海：上海人民出版社，1999：49.

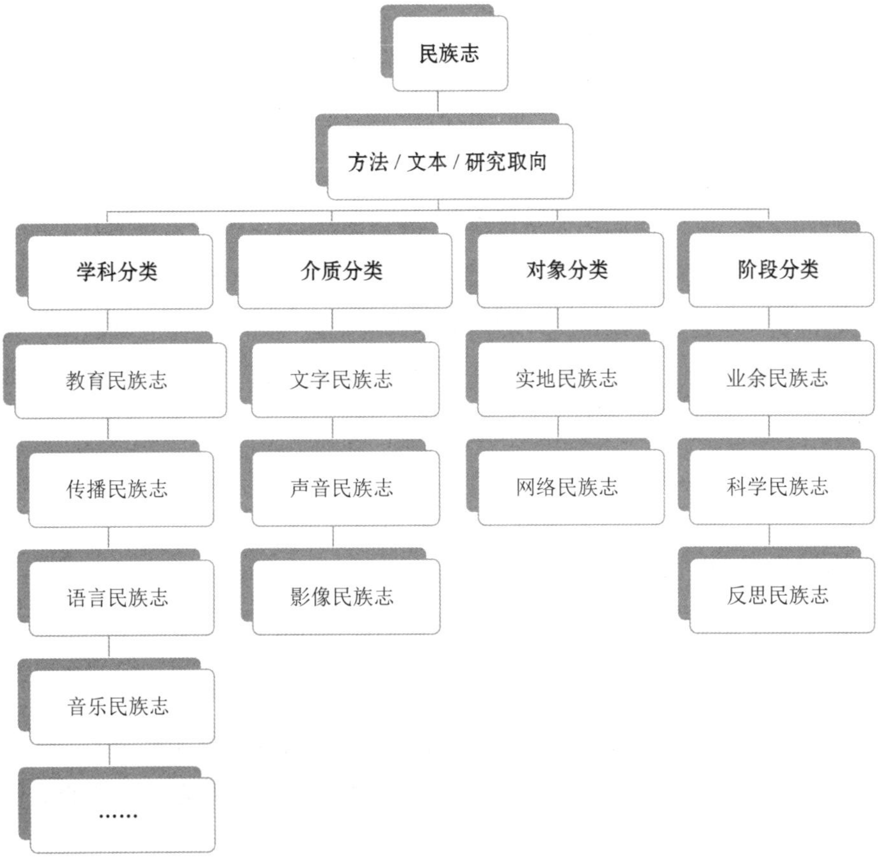

图 9–1　民族志的分类谱系

三、民族志方法的根本原则

民族志方法遵循的根本原则是整体论。整体论并不是指具体方法，而是指一种指导性理念。在人类学家看来，文化是一个各要素之间相互依赖的整合系统，要深入理解某个特殊现象，就应该把它放到文化的整体中去观察、分析。整体论的研究导向促使民族志研究者的观察超越眼前的“文化图景”或“文化事件”，进而去发现与所研究社区或项目有关的各系统或次系统之间的关系。

理想型的整体性研究要求综合考虑生物的、社会的、文化的、语言的乃至历史的和当代的各种因素，以实现将宏观与微观相结合、整体与个体相统一地去认识世界的美好愿望。对于民族志方法的运用者来说，整体论作为指导性理念，应该贯穿目标确立、过程设计、资料采集和数据分析等整个研究过程当中。

第二节 网络民族志

随着互联网的出现，大量“网络社区”涌现，为民族志研究带来了新的对象，“网络民族志”应运而生，传统的民族志方法相应地受到挑战。首先，在互联网上，人与人之间的沟通不再局限于面对面的交流，其更多地表现为一种基于文本、可视或不可视媒介的非面对面互动；其次，对研究对象进行观察的情境不再是一个处于特定地域范围内的具体的物理空间，而是一个超越了地理空间限制且带有虚拟性的环境。因此，现如今的互联网已经成为民族志研究的主题之一，不少学者提出修正或改进传统研究方法以适应新的研究技术和环境的变化。

一、网络民族志的界定

在图 9-1 中，根据研究对象的不同，民族志可分为实地民族志和网络民族志两种类型。前者出现在互联网之前，那时的民族志研究往往是面对面的，研究对象是实质性的存在。但是随着互联网的出现，这种情况发生了变化，互联网上的网络社区进入了研究视野，逐渐形成了网络民族志这种新的民族志形式。

按照克里斯蒂娜·海因（Christine Hine）的界定，网络民族志是在虚拟环境中进行的、针对网络并利用网络开展的民族志研究。[①] 换句话说，网络民族志是使用不同的数据收集工具，在虚拟、在线的环境中构建民族志的过程。也有学者将其直接定义为网络观察，一种研究网络社区中成员交流信息的定性方法。归纳来看，“网络民族志”就是以网络虚拟环境作为主要的研究背景和环境，通过互联网这个表达平台和互动工具来收集资料，进而研究和阐释互联网及相关社会文化现象的一种方法。需要强调的是，“网络民族志”并不是研究这一现象的唯一方法，在具体名称上，还有如“虚拟民族志”（virtual ethnography）、“赛博民族志”（cyber ethnography）、“在线民族志”（online ethnography）、“数字民族志”（digital ethnography）等。

① 卜玉梅. 虚拟民族志：田野、方法与伦理［J］. 社会学研究，2012（6）：217-236.

二、网络民族志与实地民族志之变

（一）方法论层面之变

从方法层面上来说，网络民族志与实地民族志是有差别的。关于这一点，罗伯特·V. 库兹奈特（Robert V. Kozinets）在《如何研究网络人群和社区：网络民族志方法实践指导》（*Netnography*：*Doing Ethnographic Research Online*）一书中进行了较为详尽的讨论。他从方法层面给网络民族志做了这样的界定："网络民族志是基于线上田野工作的参与观察研究。它使用计算机中介的传播作为资料的来源，以获得民族志对文化或社区现象的理解和描述。"① 在这里，民族志既然加上了"网络"这个定语，就表明了研究者是用计算机中介的传播来研究某一线上群体的文化特性；搜集数据也是通过线上和线下多种来源进行整合分析，进而理解某一文化现象。因此，网络民族志与面对面的传统民族志是区分开来的，它本身有一套独特的实践和程序。

（二）研究对象之变

库兹奈特还在《如何研究网络人群和社区：网络民族志方法实践指导》一书中强调了网络民族志与实地民族志之间的另一个差别在于研究对象的不同。在该书的前两章中，他对"线上文化与社区""理解线上文化"等问题进行了详细的讨论，试图帮助我们理解网络民族志和实地民族志的差别。

三、网络民族志的具体操作

（一）确定研究问题

网络民族志可以用来研究社会发展过程中存在于不同领域的多类问题，比如政治学、传播学、艺术学、民族学等领域。更为具体的研究问题，比如研究信息传播与社会的联系、线上某一群体的特征和文化特性等，都可采用网络民族志。

---

① 库兹奈特. 如何研究网络人群和社区：网络民族志方法实践指导［M］. 叶韦明，译. 重庆：重庆大学出版社，2016：71.

（二）定位合适的线上田野

1. 网络社区的多样性

网络社区类型多种多样，我们不妨对其做一个分类：对话种类不同（游戏和游戏相关的、社会的、信息的）、用户界面不同（文本、图像、音频、视频）、时间朝向不同（同步的 / 同时的、异步的 / 不同时的）、传播方式和传播等级不同（个人传播、一对一传播、群体传播）、是否营利（营利性的网络社区或者个人 / 群体，出于兴趣创办的非营利性论坛）。需要强调的是，这些特征并不是单独存在的，它们往往在某类网站或媒体中交叉出现，诸如现在盛行的社交网站，微信、微博、QQ、Facebook 等。

2. 利用搜索引擎确定要研究的网络社区

基于网络社区的多样性，研究者可以利用搜索引擎在互联网上进行检索，从而确定与研究问题相对应的网络社区。关于这一点，库兹奈特在他的著作中举了这样一个例子："如果你要研究关注绿色行动的网络社区，那么就考虑输入'绿色''环境''积极分子''回收''保护''社区'等词即可。"搜索引擎会通过输入的关键词，列出大量的检索结果，而其中一些网站可能包含有趣的链接以及公共论坛。①

3. 遵循网络社区和网站的选择与进入准则

通过过滤和筛选，一些看起来与研究问题相关的网络社区和网站逐渐明朗。一般而言，如何评价这些网络社区和网站、确定关注哪个网络社区和网站，可以通过以下原则来确定：

（1）相关性，与所研究的问题相关。

（2）积极性，彼此之间有频繁的沟通。

（3）互动性，与参与者有交流。

（4）重要性，有相当数量的沟通者。

（5）异质性，拥有大量不同的参与者。

---

① 库兹奈特. 如何研究网络人群和社区：网络民族志方法实践指导［M］. 叶韦明，译. 重庆：重庆大学出版社，2016：103–105.

（6）丰富的数据，能提供更多细节，比如描述性的细节。

通过以上步骤，可以进一步明确谁是最活跃的参与者，谁是领导者，哪些话题最受欢迎，这个群组的历史是什么，它的成员与哪些群组还有联系，发布帖子或发表回复的成员具有什么样的特征（性别、兴趣、观点），该社区是否发生过重大事件，该事件具备什么样的特征，（如果有的话）该社区使用什么样的特殊语言，等等。了解这些基本情况，有助于选择合适的田野地点，到了某一特定时刻，将帮助研究者以一种文化适宜的状态进入该网络社区，进而开展后续研究。

4. 资料收集

（1）线上资料搜集。

使用网络民族志的研究者在获取资料时需要做两个基本选择：手动编码还是使用定性分析软件辅助编码和组织资料。如果选择手动编码，使用纸和笔或计算机文档中的 Word、Excel 表格做记录，那么资料的搜集只能限制在相对较少的范围内，因此会在一定程度上影响研究问题的全面性；如果选择使用定性分析软件辅助编码和组织资料，那么搜集到的资料会更丰富，在一定程度上扩大研究问题的焦点，对资料的搜集也会更全面。一般而言，网络民族志通常将手动编码与相关的分析软件辅助编码和组织资料结合起来使用。

获取线上资料的三个基本方法分别是：以计算机可读的方式保存文件、保存屏幕截图和使用全动态屏幕抓取软件对计算机屏幕上每个时刻的现象进行记录（需要注意的是，如果想尽可能地记录每一分钟的事件，就需要准备更大的计算机内存或者更大的硬盘）。

（2）资料存档。

对资料的搜集和整理是网络民族志进行定性研究的一个很重要步骤（对民族志来说亦是如此）。

库兹奈特在《如何研究网络人群和社区：网络民族志方法实践指导》中对资料存档的原则做了介绍：首先应该检查包含重要资料的领域，确认这些领域是否符合研究兴趣，将这些符合的领域下载或保存下来；包含较少资料的领域应该被完整地保存下来。其次，在研究的早期阶段，根据资料搜集的策略，应该重新回顾田野地点和定义范围；研究开始后，资料应该被保存进初始类别，之后再重新分类。使用笔、纸或阐释性解释技术的研究者应该谨慎地下载资料，注意搜集较少量的资料集；应当小心使用资料挖掘软件，因为它可能使得网络民族志的文化体验变得晦涩难懂。①

网络民族志的定性研究在整个研究过程中都需要不断地搜集资料，解释的分类也会随着资料的搜集而不断更新，研究的问题和关注的焦点也可能会随着研究的深入而不断出现冲突。因此，最好在资料的搜集过程中不断更新资料的分类，持续建立新文件，对已经保存在旧文件夹中的文档和其他资料进行再分类。

（3）网络民族志访谈。

网络民族志访谈借助论坛、新闻群组、社交网站、视频软件、电子邮件等媒体平台进行人际对话。分享个人信息，传播信息或谣言，分享生活或有关的新闻、八卦，是网络民族志目前进行线上访谈的积极尝试。在传统的民族志研究中，访谈是基于群体或个人的、面对面的，可以是正式或非正式、结构或非结构的一种交流形式；而在网络民族志里，可以选择线上或面对面访谈，亦可将它们以某种合适的比例整合起来，服务于网络民族志的研究。线上访谈与线下访谈非常相似，它包括正式接触一个参与者、提出访谈请求、根据访谈框架进行对话等环节。在整个访谈过程中，研究者的主要身份是提问者。

（4）记录具有反思性的田野笔记。

网络民族志和民族志一样，需要记录研究者在研究过程中的参与体验。特别是在网络民族志中，记录田野笔记结合了文化适应和资料搜集，承担着记录和反思所有在线上文本范围之外发生的重要变化这一任务。

在这里，反复强调记录具有反思性的田野笔记，是因为在搜集线上资料的过程中，许多网络民族志的观察已经被一些软件或其他抓取工具自动保存下来，所以此时记录的不再是观察性的田野笔记，而是反思性的田野笔记。结合库兹奈特的观点，在反思性的田野笔记中，网络民族志研究者要记录自己的观察，包括其在线时出现的和他们线上经历有关的潜台词、假象、偶然性、环境和个人情绪。通过这些记下来的反思，网络民族志研究者由外而内地记录其经历，包括学习语言、仪式和实践，参与有意义的和个性的社会网络。通过记录

① 库兹奈特. 如何研究网络人群和社区：网络民族志方法实践指导［M］. 叶韦明，译. 重庆：重庆大学出版社，2016：125–135.

具有反思性的田野笔记，通常可以发现某线上文化的内在意义或者其他重要的见解。总之，反思性的田野笔记可以帮助研究者对线上文化进行解码。

5. 资料分析

（1）定性资料分析的归纳法。

资料搜集完毕后，就要对资料进行分析，网络民族志的资料分析方法是定性资料分析的归纳法。分析，就是详细地了解整体，将整体分成若干个组成部分，以不同的方式对它们进行比较分析。如前所述，资料分析存在于网络民族志的整个研究过程中，而这个阶段需要做的工作，就是将各种下载完毕的文本、图像、截屏资料、线上访谈记录、反思的田野笔记等所有资料转换为完整的研究形式，如文章、报告、书籍等。

归纳法是一种逻辑论证的形式，在这个过程中，研究者为了得到关于某个现象更为综合、详细的理解而对其进行观察。定性资料分析的归纳法是整理在网络民族志研究过程中搜集和记录所有信息的一种方式。

定性分析方法有一些普遍的步骤适用于归纳法：

· 编码：将编号或类别添加到资料上，资料来自搜集过程中的文档、图像（片）、截屏资料、线上访谈记录、反思性的田野笔记或者其他类型的资料；在编码的过程中，要将编号、类别、名称或者标签分配给特定的资料单元，通过这些编号指出资料属于或作为更一般性现象的例子。当然，资料的类别需要从仔细阅读资料的过程中来归纳、呈现。

· 笔记：主要指反思资料或者对资料进行的评论。

· 摘要和比较：材料被分类和筛选，以识别类似的表达、共享的顺序关系和明显的差异；这种抽象的过程将分类编码发展成更高级的类别或者更具普遍性和概念性的建构模式或过程，并且通过比较来看待资料的异同。

· 检查和提炼：为了分离、检索和提炼出对模式、过程、共同性和差异性的理解，进行新一轮搜集资料的过程。

· 概括：简略说明一小段概念，以揭示或解释资料搜集的一致性。

· 理论化：用概念、理论或正式的知识主体来理解从资料中整理出来的概念性论述；紧密联系资料分析既有的、相关的知识主体，以构建新的理论知识。

（2）手动或者计算机辅助的定性资料分析方法。

网络民族志的定性资料分析方法除了归纳法外，还包括手动或者利用计算机辅助进行的定性资料分析两种方法。当资料库很小，研究者对田野地点又十分熟悉，并且具有相当的文件整理和归档能力时，可以手动进行资料分析；反过来，当资料库太大，利用手动进行资料分析需要消耗更多的人力、物力和财力的时候，利用计算机进行资料分析才是最明智的选择，比如可以选择微软公司旗下具有强大功能的文字处理软件。研究者可以将资料保存在文字处理软件中，利用文字处理软件进行资料分析，进而将资料保存到不同的文件夹里，对这些文件进行编码，通过加黑、加亮或使用不同的字体、颜色等方式对文本进行标记，或对文件进行备注。研究者还可以使用文字处理软件中的搜索和查找功能来对文本中的关键词进行查找，帮助找到编码和分类。软件 Excel 和 Access 等也可以用来进行文件的分析和编码。

6. 表达和评估

网络民族志作为一个新的研究领域，它继承了民族志研究的一般方法。但它又是一个特别的民族志，在表达和评估时，也有一些自己的标准，这些标准是研究者基于近年来的研究经验总结出来的。当然，随着网络民族志的发展，其评估标准也有可能需要进一步完善。

（1）一致性。

在网络民族志中，一致性指的是可辨认的不同解释其内部没有矛盾，且呈现出同一模式的程度。也就是说，通过观察或用其他形式搜集到的网络民族志资料被整合进一致的模式中，不同社会理解的陈述成为可以证伪的理论陈述。

（2）严密性。

严密性是文本确认和遵从网络民族志研究标准的程度。严密性意味着网络民族志研究者在整个研究过程中要遵守进入、资料搜集、分析和解释、自我陈述等相关规则。

（3）文献性。

文献性是指网络民族志文本了解并确认相关问题的文献和研究问题的方向。也就是说，研究者要对所研究领域的文献进行综合的研究和整理，知道该领域的核心主题和讨论方向，全面了解该领域或相关主题的构造、框架和有争议的话题。

（4）扎根性。

扎根性是指理论表达被资料所支持的标准、资料和理论之间联结的清晰程度和信度。扎根性所要展现的就是实证的精确度、证据的充分性以及理论的贡献性。

（5）创新性。

创新性是指在某种程度上，网络民族志的构造、观念、框架和陈述能够给理解系统、结构、体验或实践提供具有创造性的新方式。对于网络民族志来说，其所研究的线上文化或网络社区的创新观念很有可能对未来的研究有所帮助。

（6）共鸣性。

共鸣性就是要求网络民族志能够给读者这样的感觉，即读者能够与其所研究的线上文化或网络社区现象产生个人化或者感性的联系。也就是说，这个作品要能对读者具有一定的启发性并且能够与之共鸣，能让读者对其所关心的事和生活方式动容。共鸣性就是要“从别人处发现自己，从自我处发现他人”。

（7）逼真性。

逼真性是确认文本质量的一个重要标准。一方面，为了能够使网络民族志具有真实的感觉，其表述就必须是有说服力、令人信服和可被信任的。另一方面，逼真性也反映了文本与客观世界之间的关系。因此，逼真性被定义为可信、生动的文化和公共之间的联系程度。也就是说，读者可以通过阅读和体验来感受网络民族志，或者通过网络民族志来观察、探寻和理解线上社区、线上文化及其成员。

（8）反思性。

反思性指网络民族志文本承认研究者的角色、观点和态度，但是同时又保留其他研究者或学者对其进行解释和研究的空间，其整个过程也是对某种网络社区的文化现象进行补充和完善的过程。因此，在网络民族志的研究过程中，研究者需要承认自己的角色，描绘多种声音和观点，并且能够以开放的态度容许其他的解释和说明存在。

（9）实践性。

信息和通信技术的发展日益改变着生活环境，网络民族志研究者也应该义不容辞地从实用主义的角度来观察和研究网络社区的文化现象。因此，实践性被定义为文本激发社会行动的程度，其结果可能有助于为他者提供一些更深刻的启发和更广阔的研究视角。

（10）混合性。

混合性即要求网络民族志的文本陈述要考虑社会互动、相互链接的各种形式，如线上和线下的链接。这就需要研究者参与并观察社区成员线上和线下的日常生活。总之，混合性的标准就是要将线上和线下的文化世界充分融合，这也是网络民族志研究必须了解和注意的地方。

四、对民族志和网络民族志真实性的质疑

对民族志真实性的讨论，应该从产生民族志的田野入手，分析田野的特性。早期作为人类学研究“实验室”的“田野”是空间真实与文化想象的复合体，这一特性决定了建立在此基础上的民族志具有时空局限性和主体想象性。一直以来，“成为当地人”是人类学研究的理想追求之一，对田野研究者的必备素质，更成为考察民族志真实性的重要依据之一。然而，对从事研究工作的人类学者来说，其始终是一个“局外人”。这种特殊的身份决定了由这个不可能真正成为当地人的人类学者所撰写的民族志，不会完全、真实地反映“他者”的文化事实。民族志最终文本的形成并非在田野中完成，而是在田野之后。民族志的文本撰写与田野调查之间的时空差异，以及田野研究者自身学术经历、田野经历的不同，加之对民族志叙述方式的选择，都会影响民族志的真实性。

网络民族志同样面临着真实性的质疑。互联网的“虚拟性”使得网络研究的真实性常常受到质疑。正如《身体的在场：网络民族志的性别反身性》一文中提到的那样，“由于学者网络研究的早期阶段对于网络社区的想象，更使得网络民族志的真实性频频受到质疑。网络民族志所搜集到的资料，包括被研究者的身份资料都会因为互联网的虚拟特征而被打上问号”[①]。

---

① 任珏. 身体的在场：网络民族志的性别反身性［J］. 新闻大学，2014（2）：63-71.

▶本章小结：

1. 民族志原指一种叙述体裁，最初由西方探险家和传教士等就其所见所闻，如实记录和描述其他民族的地理环境、民风民俗。19世纪40年代民族志调查方法逐渐规范。20世纪20年代，马林诺夫斯基确定了民族志的基本研究准则和研究规范。民族志被人类学、市场学、护士学、社会工作等研究领域所运用，它既是一种方法、一种文本类型，也是一种研究取向。民族志遵循的根本原则是整体论，即宏观与微观相结合、整体与个体相统一地去认识世界。
2. 网络民族志是在虚拟环境中进行的、针对网络并利用网络开展的民族志研究。它通过互联网这个表达平台和互动工具来收集资料，进而研究和阐释互联网及相关的社会文化现象。
3. 网络民族志与实地民族志的区别主要集中在两个层面。在方法论层面，“网络民族志是基于线上田野工作的参与观察研究”，这一点与“实地民族志”有所差别；在研究对象层面，网络民族志的研究对象是线上文化与社区，而实地民族志则基于现实事物。
4. 网络民族志的具体操作步骤：确定研究问题和定位合适的线上田野。
5. 如何定位合适的线上田野：利用网络社区的多样性、利用搜索引擎确定研究的网络社区、遵循网络社区和网站的选择与进入准则、资料收集、资料分析、表达和评估。
6. 网络民族志的真实性：研究者自身学术经历、田野经历的不同，加之对民族志叙述方式的选择，都会影响民族志的真实性。而互联网的“虚拟性”使得网络民族志研究的真实性受到质疑。

▶关键术语：

1. 民族志：以田野调查为依托，运用参与式观察和深度访谈去获取社会事实的一种实地调查方法。经过人类学家的不断实践，它已发展成为社会科学的一种重要的定性研究方法。[①]

2. 网络民族志：按照海因的界定，它是在虚拟环境中进行的、针对网络并利用网络开展的民族志研究。换句话说，网络民族志研究是使用不同的数据收集工具，在虚拟、在线的环境中构建民族志的过程。

3. 田野调查：指人类学工作者深入某一地域，通过观察、访谈、参与来获得原始资料的研究过程。观察是指研究者要仔细看（采录实景），访谈是指研究者要认真听（深度访谈），参与是指研究者要努力做（亲身体验），“看、听、做”被称为人类学的“田野三角”[②]，只有全都做到了才能保证实践活动顺利进行。

4. 归纳法：一般指由个别到一般的归纳推理。这个过程包括由一定程度的关于个别事物的观点过渡到范围较大的观点，由特殊具体的事例推导出一般原理、原则的解释方法。[③]

▶思考与研讨题：

1. 民族志研究方法是怎样界定的？是怎样分类的？其根本准则是什么？
2. 网络民族志是怎样界定的？网络民族志与实地民族志有哪些不同？
3. 网络民族志具体是怎样操作的？
4. 如果要研究网络公共事件议题在青年群体中的传播特征，你会如何选择调查方式？请选择一个网络公共事件，尝试设计自己的研究路径。

▶延伸阅读：

1. 费特曼. 民族志：步步深入［M］. 3版. 龚建华，译. 重庆：重庆大学出版社，2013.

---

① 刘红叶. 民族志方法在管理学研究中的应用［J］. 西北民族大学学报（哲学社会科学版），2019（1）：166-172.
② 徐杰舜，许立坤. 人类学与中国传统［M］. 北京：民族出版社，2009：47.
③ 刘建明. 宣传舆论学大辞典［M］. 北京：经济日报出版社，1993：3.

2. 格尔兹. 文化的解释［M］. 纳日碧力戈，等译. 上海：上海人民出版社，1999.

3. 库兹奈特. 如何研究网络人群和社区：网络民族志方法实践指导［M］. 叶韦明，译. 重庆：重庆大学出版社，2016.

第十章　话语分析

▶章节大纲：

1. 话语分析概述；
2. 话语分析的三个要素；
3. 话语分析的研究路径和方法；
4. 话语分析研究方法的应用。

▶章节内容：

本章首先介绍了话语分析的缘起和发展历程，其中包括话语分析的研究对象，话语分析与结构主义符号学、批判学派的关系，话语分析的三个要素。其次，对话语分析的研究路径和方法及其应用进行了描述和介绍，展示了这种跨学科研究方法具有的广泛应用性和可操作性。

第一节　话语分析概述

一、话语分析的内涵

话语分析（discourse analysis）作为一种被广泛应用于哲学、人类学、社会语言学、符号学、功能语言学和心理学等多个学科的研究方法，对社会科学研究领域产生了深远的影响，受到了越来越多学者的关注。

话语分析就是研究日常生活中使用的语言。它的研究灵感来自这样一个基本事实，即对语言的理解无法离开相应的语境（context）。语境包括语言本身的信息以及语言之外的信息。话语分析作为一种研究方法，不但用来研究语言本体成分的形式和意义，也用来研究话语篇章中表现出的社会、文化和政治意义。

二、话语分析的研究对象

话语分析的研究对象是“话语”，是指在内容和结构上具有一定程度的一致性，在被界定了的社会背景中广泛地执行建构功能的语言材料的组合。这种分析的可行性基于一种基本共识，即人们可以通过不同的方式，使用不同的话语建构任一事物、事件或情形。对“话语”这一概念，不同的学者有不同的理解。有人把话语看作口语，有人把话语看作书面语。但目前已经形成了一种基本统一的意见，学者们认为话语分析的范围包括以各种形式出现的语言使用，这既包括口语又包括书面语——是人们在真实的语境中使用的语言。

总之，话语分析作为语言研究的一个重要视角，关注比句子更长的语言单位，强调借助上下文语境、社会文化背景及人的思维等解读语言交际过程。话语分析既关注书面语（如小说、新闻报刊、法律文本、商务函件等），也关注口语（如医患对话、电话交谈、课堂互动、政治演讲、电视访谈等），同时还关注网络语言（如网络实时聊天、博客 / 微博语言、电子邮件语言，甚至是如今的视频文本等）。

三、话语分析与结构主义符号学

话语分析根植于结构主义符号学，其研究对象为实际使用的语言，而非人为杜撰的句子，旨在研究语篇或话语与真实情景之间的相互关系，帮助人们更好地了解日常生活、机构情景和不同社会文化中的交流情况。回顾话语分析的发展历程，其从诞生起就体现出跨学科的性质。

话语分析最早出现于 20 世纪 60 年代，是美国结构主义后期代表人物哈里斯（Z. S. Harris）在 1952 年提出的一个术语。哈里斯设想用结构主义中替换和分布的方法对口头语言进行分析，以找出话语层面上类似音位、音素的语言结构单位。虽然他的研究没有取得令人满意的成果，但话语分析从此进入了语言学研究的殿堂，并在很短的时间内取得了飞速的发展。

符号学是研究事物符号的本质、发展变化规律、各种意义以及与人类多种活动之间的关系的一门学科。符号学与结构主义有着很深的联系。结构主义最早作为一种研究方法理论被运用到语言学中，引起了人们关于符号学研究的兴趣，并且形成了以结构主义为方法论的主流符号学学派——结构主义符号学。瑞士语言学家费迪南·德·索绪尔（Ferdinand de Saussure）在其著作《普通语言学教程》（1961 年）中把言语活动区分为语言（language）和言语（parole），认为语言是言语活动中具有社会性和系统性的部分，而言语则是个性的、是语言在实际情景中的具体应用。索绪尔认为语言优于言语，语言学要研究人类的言语活动，必须首先研究语言。这一观点成为结构主义研究的出发点。20 世纪 50 年代末至 60 年代初，艾弗拉姆·诺姆·乔姆斯基（Avram Noam Chomsky）开始对结构主义的传统分析方法提出批评意见，在此基础上提出了转换生成语法理论，主张区分语言能力和语言应用的差异，试图用形式化的分析程序揭示语言生成的规律。但无论是索绪尔的结构主义还是乔姆斯基的转换生成语法，其研究的共同缺陷在于他们虽然区分了语言与言语、语言能力与语言运用，但对语言使用中的自然话语，即谈话、对话没有给予足够的分析；在分析语言结构时从句子范畴出发，对超出句子层面的语段或篇章几乎未加考虑；对纯语言之外的语境因素不感兴趣；只考虑了如何发现语言规则程序和生成语言的静态因素，而没有考虑语言的动态本质和交互功能。20 世纪 60 年代末至 70 年代初，随着人们对口头交际的逐渐重视，语用学和交际理论得到了迅速的发展，研究者开始把目光转向被语言学家所忽视的口头语（即口语）研究——口语是人类最直接、最快捷，可以即刻进行交互的交际手段。

经过长时间的发展和演化，这种始于 20 世纪 70 年代初的话语分析，体现出了横跨语言学、符号学、心理学、人类学和社会学等不同学科的交叉性质，为语言学及应用语言学奠定了坚实的基础。到了 20 世纪 80 年代，话语分析已发展成一个新兴的跨学科领域，在理论的形成、系统性的描述和应用等方面都有了巨大的进展。

四、话语分析与批判学派

话语分析既是一种应用理论，又是一种研究方法。作为研究方法，话语分析广泛应用于当代许多学科领域，如哲学、美学、文学、史学、政治学、社会学、心理学、传播学、文化学、国际关系学等。就传播学而言，话语分析主要应用于批判学派的研究。想要深入了解话语分析这种研究方法的特点及作用，就要先来了解批判学派。

批判学派萌芽于20世纪60年代，20世纪70年代开始兴盛，20世纪80年代成为传播学研究中的主流学派之一。欧洲是批判学派的起源地，也是今日的主要阵地。不同于美国实证分析、经验研究的派别立场，它是坚持批判观和方法而进行研究的总称。迄今为止，传播学批判学派大致形成了三种研究路径。其一是政治经济学，这种研究路径从经典马克思主义立场出发，分析和揭示传媒的所有制结构及其与权势集团的利益关系，意在拆穿西方传媒诸多流行的神话，如客观、公正、多元化等。其二是文化研究，这种路径的研究包罗甚广，从西方马克思主义的鼻祖格奥尔格·卢卡奇（Georg Lukács）的“物化”思想到法兰克福学派的批判理论，从安东尼奥·葛兰西（Antonio Gramsci）的“文化霸权”到路易·皮埃尔·阿尔都塞（Louis Pierre Althusser）的“意识形态”，从法国结构主义的传媒符号分析到英国伯明翰大学“当代文化研究中心”（CCCS）的传媒文化解剖…… 为人熟知的法兰克福学派、伯明翰学派等都是文化研究的标志。其三是文化帝国主义，这一研究路径是从国际和全球传播的视野出发来探究西方传媒运作对世界格局和人类命运的影响。随着全球化的升温，这方面的问题越来越受人关注，如伊莱休·卡茨（Elihu Katz）等人对美国电视连续剧《豪门恩怨》（*Dallas*）进行了研究，A. 多尔夫曼（A. Dorfman）与A. 马特拉尔特（A. Matterlart）对美国动画片《唐老鸭》进行了解读，大名鼎鼎的美国学者赫伯特·席勒（Herbert Schiller）也对美国传媒进行了揭露与批判。

以上三种研究路径虽然思路各有不同，但范式却是一致的。他们都以马克思主义为思想背景，都对资本主义的传播体制及其运作进行了冷静的反思和尖锐的剖析。尽管这些具体理论和学说千姿百态，但都表现出深刻的忧患意识和批判精神，体现着强烈的人文关怀。与经验学派相比，批判学派更倾向于批判现实而不是服务权势，他们的研究更注重于揭露问题，在方法上着眼于深度思辨。

从以上批判学派的基本取向看，不难理解话语分析何以成为其主要的研究方法之一。既然他们旨在“揭短”——批判，那么自然会倾向于选用这种可供揭短的方法。这就像“你”和“我”之间互相辩论：“你”说自己的新闻如何真实客观，而“我”用话语分析证明这是“神话”——听起来炫人耳目但实际上子虚乌有；“你”说自己的报道不偏不倚，而“我”用话语分析来揭露“你”的报道存在有意或无意的偏见；“你”说自己有足够的报道权利，而“我”用话语分析证明“你”不过是权势手中的“玩偶”……批判学派运用话语分析这一有力“武器”，令自视甚高、感觉良好的西方传媒机构颇为难堪，这也导致了立足于传媒现实的经验学派对话语分析敬而远之——他们喜欢使用的研究方法是内容分析（content analysis）。虽然同为经典的传播学研究方法，但两者旨趣却不尽相同。总体来看，内容分析是“建设性”的，属于量化研究方法；而话语分析则是“批判性”的，是质化研究方法的一种。内容分析的着眼点在于通过分析具体的传播内容，如遣词用语是否得当、篇章结构是否合理、画面构图是否完美、节目制作是否成功等，提出切实可行的改进建议和调整思路，目的是为传媒企业与权势集团献计献策；而话语分析则不屑于此，它的目的在于掘地三尺，将话语中隐含的意识形态暴露出来，以警世人。可以说，它们的立场和倾向截然相反。

第二节　话语分析的三个要素

话语分析根植于结构主义符号学，而结构主义符号学将传播视为“意义的生产”。话语分析与“话语”“主体性”“语境”这三个要素密切相关。这三个词语看起来很“专业化”，有些艰涩难懂，但翻译成传播学的术语，其实它们分别对应的就是“传播者”“受众”“环境”。

一、话语

话语是发生在特定的社会语境中人与人之间具体的言语行为，即说话人与受话人在特定社会语境中通过文本而展开沟通的言语活动。话语一词的流行，得益于巴赫金（M. M. Bakhtin）所做出的突出贡献。在他看来，作为言说或表述的话语是“活”的而不是“死”的，它的范围小到一个符号，大到一篇文章。一个词或单独一句话、一部作品，甚至无形的舆论等，其真实含义都只有通过社会交往与对话实践才能获得。巴赫金提出了话语理论和复调小说理论，他立足于现实，把话语作为解析语言文化现象的工具，使自己的研究具有一定的前瞻性，对今日的语言学研究和话语分析依然有着重要的指导意义。

最终奠定流行性“话语理论”基础的是米歇尔·福柯（Michel Foucault），他将话语定义为“隶属于同一形成系统的陈述整体”。在福柯看来，每一种话语构成一个相对独立的“单位”，具有特定的实践功能，而“话语实践”又通过话语对象、陈述、概念和策略等可供分析的关系网络在动态运行中被反映出来。所以福柯认为，一门科学就是一种话语，如临床话语、精神病学话语、经济学话语、新闻学与传播学话语等。那么，什么是话语呢？福柯从语言学里引入了话语的概念，认为话语由一系列相关的陈述组成——“陈述是话语的原子”。正如报道、消息、特稿、评论等陈述，它们是话语的原子，都来自一个学科领域，共同构成了新闻学话语。

简言之，符号构成陈述，而陈述构成话语。

二、主体性

对主体性的研究存在两种看法。传统哲学认为，主体（个体）是相对独立的，可以独自作出道德和美学的判断。而新近人文科学认为，主体受到限制，是由世界代表的系统，即社会语言系统决定的“屈从体”，这些“屈从体”已经被放置在意识形态结构安排好的位置上。

简单来说，当受众看到文本后，可能会被传播者的话语方式所影响，按照传播者所希望的方式对这些话语进行解读，这就是“屈从体”话语。当然，也有受众看到文本后，完全按照自己的方式解读，丝毫不受传播者意识形态的影响。

三、语境

语境是指现实世界中的某种事态，可以被定义为现实中各事物之间的互动关系。在认知语言学里，语境这个概念首先是一种心智现象，与我们的日常经验密切相关。语境的独特之处在于其体现的是语言交际，能组织话语的策略性结构，使之与整体交际情景相适应。托伊恩·范·迪克（Teun van Dijk，也有人将其译为“冯·戴伊克”）的语境模式把交际事件的社会、文化等客观存在和个人认知方面的因素结合起来，使社会、情景和话语相互关联。这种语境模式主要包括三个方面：背景、参与者、交际及其他行为或事件。我们在对某一文本进行话语分析的时候，一定要考虑其背景与环境，这里的背景既指微观的情境，又指宏观的历史阶段。传统语法分析往往脱离语境来研究词句，这一点正是话语分析与传统语法分析最大的不同。

和文本分析、内容分析等其他研究方法相比，话语分析的一大特点是它偏向于话语的权力分析，常被用于分析统治阶级如何通过对话语的掌控来控制广大受众。例如，福柯话语理论的核心就是知识与权力问题，即权力如何生产知识而知识又如何服务于权力。在他看来，权力的多种运作方式体现得最明显也最难以识别的地方就是话语。所以我们经常听到“话语权”一词，话语权在谁手里，谁就可以根据自己的意图对事件进行解读，其他人被迫按照他的话语和思维方式进行思考，这是一种极为可怕的权力。正因如此，自古以来，历史上的起义活动都会首先抢夺媒介或自己开辟媒介以获得话语权，足见话语权的重要性。

第三节　话语分析的研究路径和方法

一、话语分析的研究路径

话语分析有两个主要的基本任务。第一，话语分析要通过日常话语语料来分析、揭示话语和社会交际的结构。第二，话语分析要揭示谈话双方在语境中理解意义的过程。前者研究的是一个静态的话语成品，旨在阐述话语结构规则，后者研究的是一个动态的话语过程，旨在揭示谈话双方在语境因素作用下理解话语含义的交际过程。

围绕这两项主要任务，话语分析最主要的研究路径是记录、转写并分析日常话语语料。真实语料是话语分析的生命力之所在，它可以使看似毫无头绪的话语分析成为一个有法可依并且面面俱到的研究方法，使话语分析不断深入，揭示语言学家容易忽视的一些语言现象。收集语料的方法有很多，如问卷法、访问法等，但为了保证语料的真实性，最有效的方法是录音法，甚至结合录像法来进行研究。话语分析的研究题材是多样的，可以是不同场合下的话语（如餐桌会话、教室用语、电话语言、讨论会发言等），也可以是不同的话语类型（如故事、描述、会话、解释等），还可以是不同的对话类型（如一问一答、修正、重复、插话等），甚至是发生在不同谈话人之间的话语（如师/生、老板/员工、职员/顾客等）。书面语篇语料可以从多种渠道获得，如新闻、学术报告、使用说明、小说等。语料的转写也是很重要的一步，它是对记录、收集的语料进行转换，从而形成可供分析的书面文字资料。对语料进行科学统计、描述和分析，揭示日常话语的使用规律，也是话语分析的重要步骤之一。

二、话语分析的研究方法

话语分析主要的研究方法有结构分析法（话语分析的语言学途径）、社会文化分析法、认知分析法和批判话语分析法等。

（一）结构分析法

结构分析法着力于探究不同话语的结构，研究构成话语的语言成分，描述并揭示语言结构的规律。使用这类研究法的人认为，话语就是遵循特定顺序的一系列句子结构。例如，语言序列研究以及序列中的策略研究，旨在探究这些小策略是如何勾连在一起形成更大的话语篇章的。

（二）社会文化分析法

社会文化分析法把话语视作互动行为，把重点放在语言的功能上。这一研究方法不仅看重句子等语言的表达形式，而且重视与话语相关的各个社会文化因素，认为话语参与者的话语互动行为不仅表达、传输了自己的想法，而且彰显了其参与社会环境的积极性。

德里克·莱德尔（Derek Layder）的社会文化分析法

社会文化分析法旨在了解我们所处的世界、我们作为社会行动者的各种身份和作用以及长期参与社会活动的各种结果。由于交际活动的复杂性和多重性，对它们的认识需要揭示并分析多层意义，要了解人们在特定时刻作为个体的行为方式，交际活动之间构建与被构建的方式，交际活动同与之相关的更大的社会机构、更广泛的信仰和价值以及态度之间影响和被影响的方式。作为涉及多层意义的一种社会研究，社会文化分析法可以在四个相关联的维度展开，即社会文化结构、机构情景、交际活动（包括语言的社会化实践）以及个体体验。

· 社会文化结构：群体间的关系；语言权力；语言政策；社会问题。

· 机构情景：社团群体；家庭；学校；工作场所及机构；健康组织及群体；朋友圈；运动及社交俱乐部。

· 交际活动（包括语言的社会化实践）：面对面；书面；电子及其他。

· 个体体验：社会身份；个人信息；附属关系；能力；学业。①

（三）认知分析法

认知分析法主要看待话语的产生和解读，重点在于研究人类进行话语行为的思维过程并且试图展现其认知过程。众所周知，尽管不同的话语参与者具有相似的社会文化和背景知识，但是他们的话语行为表现形式都不尽相同。在同一文化领域中，在实现话语交际时，人们还是遵循着一定的规则。因此，认知分析法认为话语分析是一个动态过程，话语交际者在其中制造并解读话语。

托伊恩·范·迪克的社会认知分析法

迪克重视个人及社会知识信仰在文本阅读及理解中的作用，认为人们在研究话语时通常关注形式、意义，但常常忽略听者或读者认知图式的重要性。而认知图式又与社会性别、种族、文化、年龄、阶级等社会因素密切相连。因此，他强调从认知的角度来解释话语所表现出的社会性，把社会认知看作连接话语结构和社会结构的中介体。社会认知的研究途径为交际、认知和隐喻提供了全新的理解。可以说，隐喻的选择一部分取决于寓身意义、个人和社会经验，一部分取决于参与者对实际交际情景的解释。

根据语境的社会和认知属性，迪克从性别、年龄、种族、阶级、权力、

① LAYDER D. New strategies in social research：an introduction and guide［M］. Cambridge：Polity Press，1993：206.

职业以及交际目的、知识、意识形态等方面探讨了语境与话语之间的关系，将这些关系运用到对话语的声音结构、句法、词语、言语行为、文体、体裁、修辞、话轮、插语等特征的分析中，系统、全面地论证了作为主观建构的语境在话语产生和理解构成中发挥的关键作用。

- 宏观分析：文本的宏观语义结构分析或文本主题的分析。
- 微观分析：对文本局部意义的分析。
- 对细微形式结构的分析。
- 整体和局部话语形式或格式的分析。
- 语境的分析。

（四）批判话语分析法

批判话语分析（critical discourse analysis，简称 CDA），始于诺曼·费尔克拉夫（Norman Fairclough）等人，是一种运用整合的手段来研究文本行为和社会文化行为的语言研究方法。批判话语分析发展于 20 世纪 70 年代，其兴起与批评理论、批评语言学密切相关。这一分析方法旨在分析语言、权力和意识形态之间的关系，揭示语篇如何脱胎于社会结构和权力关系，又如何为之服务。从诞生之日起，批判话语分析法便为语言和语篇研究提供了一个新的方法和视野，因为它不仅视话语为现实的反映或表征，而且认为话语是社会实践的重要组成部分，主张从语言 / 语篇或符号学的角度来理解和解释社会现实。

诺曼·费尔克拉夫的批判话语分析

费尔克拉夫提出了批判话语分析研究的三维框架：文本、话语实践和社会实践。[①]

文本。文本在这里是一个宽泛的概念，它既包括书面也包括口头语篇。在三维框架中，费尔克拉夫先观察文本中可以被区分出来的话语成分。他指出，文本是一个生产过程的产品，同时也是解释过程的来源。文本提供

① 李新丽. Fairclough 批判性话语分析理论及方法探析［J］. 大学英语教学与研究，2013（4）：11-14.

其形式特征，这些特征则显示它是如何被生产出来的，这就成为解释其意义的线索。虽然所有文本都是语言的符号体系、话语秩序和其他社会实践活动综合作用的结果，但文本主要研究的是本身的语言学特征，如词语、语法、标点、体裁和直接或间接表达等。

话语实践。作为话语实践的一部分，解释过程涉及社会环境。话语实践这一维度围绕文本的产生、分配和消费过程，关注话语秩序在这一过程中是如何在文本中构成及体现出来的。这样，在进行批判性的话语分析时，不仅需要分析文本，而且要分析它被生产和解释的过程，这就需要考虑到社会实践如文本产生时的文本语境以及更高层次的制度和社会结构。费尔克拉夫认为，研究者还应注意到文本并不是静态的，它处于动态的交流过程中，批判的分析方法不仅是为了让研究者了解这一现象现在是什么样子，而且还驱使研究者继续探索它能够变成或应该变成的样子以及发生这一现象的原因。

社会实践。在社会实践维度上，费尔克拉夫把语言解释为社会实践的一种形式，从三个方面解释了这种形式：第一，语言是社会的一部分，它是内在的而不是外在的。第二，语言是一个社会过程。第三，语言受到社会其他部分（非语言）条件的限定。语言是社会的一部分，是一种特别的社会现象；或者说，一部分社会现象也是语言现象。这就可以解释为什么无论语言如何被使用，语言的使用方式都由社会决定，并且使用语言也会产生一定的社会效果。在特定的社会情境中，社会实践通过对具体的话语、物质条件、社会关系、价值体系的一系列整合，逐步建构起社会选择与排序的机制，而话语秩序与其他社会实践要素之间也存在着双向建构的关系。所以，文本、话语实践和社会实践这三个维度并不是简单地从微观到宏观的单向分析，而应该是一个反复的动态过程。

第四节 话语分析研究方法的应用

话语分析看似远离现实生活，仅仅是对智力的一种狭隘关注，然而“由语言组织而成的话语有无限的能量来塑造人们在世的经历和行为方式”[①]，因而话语分析拥有相当大的实用潜力和应用价值，被应用于多种学科和领域，比如新闻传播学、社会心理学、教育学等。

一、新闻话语分析

提到新闻话语分析，就不得不提一个名字——托伊恩·A. 范·迪克。荷兰学者迪克是阿姆斯特丹大学语言文学系教授。起初，他主要研究语言学和语言心理学，1972 年他出版了博士论文《文本语法要略》。后来，他转入跨学科的话语分析，运用语言学、社会学、心理学、社会心理学及大众传播学，研究话语在社会环境中的具体形态及功能，分析、揭露其中的社会问题和意识形态，为话语理论研究提供了坚实的基础。其主要著作有 1977 年出版的《文本与语境》、1984 年出版的《话语中的偏见》和 1987 年出版的《新闻话语》等。另外，他还在 1985 年编辑出版了 4 卷《话语分析手册》。

迪克的话语分析旨在观察社会权势如何在特定的社会情景中，通过文本与话语实现施行、表达、描写、认可或掩盖。其中，他特别注意意识形态的作用。他调查过许多媒介话语，如新闻报道、影视节目、广告等，以此说明西方社会的权势集团是如何控制话语的形式和内容，从而控制社会的信念和意识的：“他们可以在自己的权势范围内决定话语的体裁，确定话语的话题、文体和表达方式。符号权势不限于表达方式本身，也包括影响方式；他们可以安排大众讨论，以影响话题的相关性，操纵信息的数量和类型，特别是摆布所描写的人选和方式。他们是大众知识、信念、态度、规约、价值观、伦理、意识形态的生产者。”[②]

从 20 世纪 80 年代起，他又将话语分析用于研究新闻报道这一特殊的话语体裁并取得新的进展。他认为，新闻报道是大多数人接触最多的一种书面话语类型，其中，报纸的新闻文本在整个大众传播活动中至关重要——它既作用

①② BURMAN E，PARKER I. Discourse analytic research：repertoires and readings of texts in action [M].London：Routledge，1993:1.

于公众对各种事情的社会认知，更塑造着他们的认知结构。所以，对新闻的话语分析不仅有助于了解其他的媒介话语，而且关系到对大众传播社会功能的认识。然而，除了法国结构主义和英国格拉斯哥大学媒介小组的少量论述之外，有关新闻的话语分析在传播学研究中几乎不受重视，而仅有的新闻话语分析也往往把重点放在了“语境”方面，如制约新闻生产的社会、文化或意识形态因素，很少关注新闻文本本身，更没有人分析新闻文本与社会语境之间的确切关系。于是迪克提出“对新闻做透彻、系统、有理论根据的话语分析”和“将新闻话语分析与盛行的社会学方法结合起来”。

为此，他对新闻话语的内在结构进行了分析，而这种分析的基本理论则源于结构主义的符号分析。他认为，新闻报道与其他文本和话语一样，也有自己的系统结构。在这一系统中，诸如标题、导语、报道话题、引语、文体、修辞、描写、评价等要素的组合，都渗透着报道的倾向与意愿，显示出不同的意识形态背景。比如，引用谁的话，不引用谁的话，为何引用这些话，采用什么样的报道句式等，都隐晦地左右着新闻文本。

另外，在对新闻文本与社会语境进行考察时，迪克发现，以往这方面的许多传播研究都着眼于意识形态，以宏观社会分析为基调，忽略了微观层面上意识操演的实际过程，因而无法将社会意识及其权力关系与新闻话语的具体实践和实际运作真正贯通起来。为此，他做了一系列大规模的个案调查，如针对1982年4月国际上对黎巴嫩总统杰马耶勒遇刺的报道，他就搜集了100个国家的250份报纸，对里面的700余篇文章进行了定量与定性分析，然后从中追寻社会语境作用于新闻文本的具体脉络，揭示了两者之间的隐秘线索。正是通过新闻话语分析，他得出了这样的结论：“大多数白人报纸是怎样以否定的、屈尊的、家长式的态度，微妙地或不那么微妙地评价第三世界国家和黑人移民……他们暴虐、混乱，很容易上共产主义的圈套。请注意，像上述例子并非罕见，这是惯例。其作者不是极端的、种族主义的党派成员，而是可敬的‘严肃报纸’的名流记者。”①

概括来讲，迪克的新闻话语分析从两方面入手，一是新闻文本的内在结构，二是新闻文本与社会语境的外在关联。前者揭示的是新闻报道的“千篇一

---

① 戴伊克. 话语 心理 社会［M］. 施旭，冯冰，编译. 北京：中华书局，1993：144–145.

律”，后者揭示的是特定社会历史环境中新闻话语的“千篇一律”。

二、话语分析与心理学

话语分析在社会心理学中的普遍运用始于 1987 年，其可作为研究对象、实验材料，也可作为反应形式等分析资料。话语在社会认识、态度变化、劝诱、印象形成、自我表现等社会心理学概念中起着隐蔽而重要的作用。社会认知往往是在话语交际中获得和使用的，而话语在社会认知的再生过程中起着关键的作用，因此，社会心理学家日渐重视社会认知的话语因素，用话语分析来研究社会认知。话语的内容、结构和策略在某种程度上是对这些社会认知的内容、结构和策略的反映，但在实际的社会交往中，两者并非一一对应，它们存在着许多转换、扭曲的现象，话语使用者会根据当时的语境或交际对象适当调整自己的话语。换言之，话语和社会认知的关系并非是直接的，它受深层社会认知，如社会观点、态度、再现和意识的严格监控，也受社会、文化、政治或经济因素的影响。话语分析能作为有效的工具，通过对社会、文化与认知再现、话语表达、交际之间复杂的相互作用进行研究，帮助学者进一步认识社会认知、社会再现的深层内容、结构和策略。

有人对求职面试中语言态度的权势影响做了社会心理研究，结果显示求职面试的叙述、元谈话、离题话和修饰语均可体现出权势差异。面试考官往往会运用一些方法，如表述、元谈话、元交际离题话来控制会谈的速度和进展，而应试者则往往忙于说明或解释自己的行为，如提供叙述、修饰，说一些不必要的词句，表现出犹豫不决、附加疑问句等这些无权势话语的特点。①

话语分析在心理治疗中也有很好的实用价值，研究者将话语分析应用在各种实际课题中，如网络成瘾研究、犯罪心理研究、精神病患者治疗、男性心理健康的现代“危机”等。在精神分析疗法中，人的心理现象是意识和潜意识共同构成的有内在意义的“文本”，分析者的任务是揭示“文本”的意义并重建

① 朱韶蓁，张进辅. 话语分析理论及其在心理学研究中的应用［J］中国临床康复，2006（14）：126-128.

其结构。

自话语分析被正式地引入社会心理学以来，其认识论的发展以及对学科的影响已经在较短时间内迈出了很大的步伐。话语分析在心理学领域内被接受的程度不断加深，其理论和技术将越来越多地被运用在临床心理学、健康心理学等研究领域中。话语分析作为一种横跨哲学、人类学、社会语言学、结构功能语言学和心理学等多个学科的研究方法，已经对社会科学领域产生了深远的影响。

三、话语分析的应用展望

话语分析研究方法是一种探究式的研究方法，我们将其看作一套可以系统应用的发现程序，或是一套可以进行系统思考的话题。我们可以把探究式研究方法想象成一套锻炼身体的健美操，或是一套用来锻炼思维的工具，一个人不必完整地做完一整套操，他可以选做其中的任何一节，可以从某一任意地方开始。同样，研究者在思考的时候也不必有序地遵循整套程序，可以根据自己的需要选择任何问题开始思考。因此，话语分析是一种开放的研究方法，它包含若干话题和角度，我们通过这些话题和角度对具体的话语进行思考和分析。

还有一点需强调的是，尽管话语分析研究以描述的方式来呈现研究结果，但是话语分析的最终目的不只是描述现状，其还应对社会进行批评、干预甚至变革。早些年兴起的批评话语分析，就把话语分析看作一种社会活动，着重研究话语在社会，特别是社会权力中的作用。

▶本章小结：

1. 话语分析作为语言研究的一个重要视角，关注比句子更长的语言单位，强调借助上下文语境、社会文化背景及人的思维等来解读语言交际过程。话语分析既关注书面语，也关注口语和网络语言。
2. 话语分析根植于结构主义符号学，其研究对象为实际使用的语言，而非人为杜撰的句子，旨在研究语篇或话语与真实情景之间的相互关系，帮助人们更好地了解日常生活、机构情景和不同社会文化中的交流情况。

3. 话语分析是批判学派主要的研究方法之一。批判学派运用话语分析这一有力“武器”，将西方传媒新闻话语中隐含的意识形态暴露出来，以警世人。
4. 话语分析与“话语”“主体性”“语境”这三个要素密切相关。在传播学语境中，这三个词语分别对应了“传播者”“受众”“环境”。
5. 不同于谨遵科学步骤的量化研究，话语分析是一种开放的研究方法。它包含若干话题和角度，我们通过这些话题和角度对具体的话语进行思考和分析。在思考的时候也不必有序地遵循整套程序，可以根据自己的需要选择任何问题开始思考。

►关键术语：

1. 话语：是指在内容和结构上具有一定程度的一致性，在被界定了的社会背景中广泛地执行建构功能的语言材料的组合，既包括口语又包括书面语，是人们在真实的语境中使用的语言。
2. 话语分析：话语分析就是研究日常生活中使用的语言。它的研究灵感来自这样一个基本事实，即对语言的理解无法离开相应的语境。话语分析作为一种研究方法，不但用来研究语言本体成分的形式和意义，也用来研究话语篇章中表现出的社会、文化和政治意义。
3. 结构主义：发端于19世纪的一种方法论，由瑞士语言学家索绪尔创立，已成为20世纪下半叶以及21世纪最常用来分析语言、文化与社会的研究方法之一。结构主义可被看作一种具有许多不同变化的概括研究方法。广义地看，结构主义企图探索文化意义是透过什么样的相互关系（也就是结构）而被表达出来的。根据西方结构主义理论，一个文化意义的产生与再创造是透过作为表意系统的各种实践、现象与活动来找出一个文化的深层结构的。
4. 符号学：是研究事物符号的本质、发展变化规律、各种意义以及与人类多种活动之间的关系的一门学科。符号学与结构主义有着很深的联系。结构主义最早作为一种研究方法理论被运用到语言学中，引起了人们关于符号学研究的兴趣，并且形成了以结构主义为方法论的主流符号学学派——结构主义符号学。

5. 批判学派：萌芽于20世纪60年代，20世纪70年代开始兴盛，20世纪80年代成为传播学研究中的主流学派之一。欧洲是批判学派的起源地，也是今日的主要阵地。不同于美国实证分析、经验研究的派别立场，它是坚持批判观和方法而进行研究的总称。

▶思考与研讨题：

1. 话语分析的三个要素是什么？
2. 试说明话语分析与内容分析的不同之处。
3. 除了新闻学、心理学、教育学，你还知道话语分析在哪些领域被广泛应用？
4. 你认为话语分析可以用来解决哪些问题？
5. 谈一谈你对结构主义符号学的认识。

▶延伸阅读：

1. 黑玉琴. 跨学科视角的话语分析研究［M］. 北京：北京大学出版社，2013.
2. 福柯. 知识考古学［M］. 谢强，马月，译. 北京：生活·读书·新知三联书店，1998.
3. 戴伊克. 话语 心理 社会［M］. 施旭，冯冰，编译. 北京：中华书局，1993.
4. 陈月明. 多元视角：传播研究的话语分析路径［J］. 中国地质大学学报（社会科学版），2009（6）：64-68.

参考文献

1. 曹锦清. 黄河边的中国：一个学者对乡村社会的观察与思考［M］. 上海：上海文艺出版社，2003.

2. 陈向明. 质的研究方法与社会科学研究［M］. 北京：教育科学出版社，2000.

3. 陈阳. 大众传播学研究方法导论［M］. 2 版. 北京：中国人民大学出版社，2015.

4. 范伟达，范冰. 社会调查研究方法［M］. 上海：复旦大学出版社，2010.

5. 格尔兹. 文化的解释［M］. 纳日碧力戈，等译. 上海：上海人民出版社，1999.

6. 库恩. 科学革命的结构［M］. 李宝恒，纪树立，译. 上海：上海科学技术出版社，1980.

7. 库兹奈特. 如何研究网络人群和社区：网络民族志方法实践指导［M］. 叶韦明，译. 重庆：重庆大学出版社，2016.

8. 李琨. 传播学定性研究方法［M］. 北京：北京大学出版社，2009.

9. 刘华芹. 天涯虚拟社区：互联网上基于文本的社会互动研究［M］. 北京：民族出版社，2005.

10. 罗杰斯. 传播学史：一种传记式的方法［M］. 殷晓蓉，译. 上海：上海译文出版社，2005.

11. 麦奎尔，温德尔. 大众传播模式论［M］. 祝建华，武伟，译. 上海，上海译文出版社，1990.

12. 莫里森. 寻找方法：焦点小组和大众传播研究的发展［M］. 柯惠新，王宁，译. 北京：新华出版社，2004.

13. 默顿. 科学社会学［M］. 鲁旭东，林聚任，译. 北京：商务印书馆，2003.

14. 水延凯，江立华. 社会调查教程［M］. 6版. 北京：中国人民大学出版社，2014.

15. 吴增基，吴鹏森，苏振芳. 现代社会调查方法［M］. 4版. 上海：上海人民出版社，2014.

16. 辛格尔特里. 大众传播研究：现代方法与应用［M］. 刘燕南，和铁红，译. 北京：华夏出版社，2000.

17. 张子毅，等. 中国青年的生育意愿［M］. 天津：天津人民出版社，1982.

18. 卜玉梅. 虚拟民族志：田野、方法与伦理［J］. 社会学研究，2012（6）.

19. 段弃，金亮. 焦点小组访谈法在传播研究中的新探索［J］. 青年记者，2017（30）.

20. 耿磊磊. "滚雪球"抽样方法漫谈［J］. 中国统计，2010（8）.

21. 郭小安，王天翊. 新媒体接触、健康信念与HPV疫苗接种意向［J］. 新闻与传播研究，2020（6）.

22. 胡桂华. 人口普查误差刍议［J］. 统计与信息论坛，2011（11）.

23. 胡鹏辉，余富强. 网络主播与情感劳动：一项探索性研究［J］. 新闻与传播研究，2019（2）.

24. 黄旦，韩国飚. 1981—1996：我国传播学研究的历史和现状：对几种新闻学术刊物的简略考察［J］. 新闻大学，1997（1）.

25. 李文杰，化存才，何伟全，等. 网络舆情信息的综合评价指标体系构建与模糊评判模型［J］. 情报科学，2015（9）.

26. 廖圣清，申琦，柳成荫，等. 中国大陆新闻传播学研究十五年：1998—2012［J］. 新闻大学，2013（6）.

27. 刘立荣. "平安肇庆"微博运营管理的经验：基于访谈法的研究［J］. 青年记者，2016（5）.

28. 刘立荣. 融媒体时代的新闻教育改革探析：基于问卷法和访谈法的研究［J］. 新闻论坛，2017（5）.

29. 马超. 媒介类型、内容偏好与使用动机：媒介素养影响因素的多维探析

[J]. 全球传媒学刊，2020（3）.

30. 彭兰. 从社区到社会网络：一种互联网研究视野与方法的拓展［J］. 国际新闻界，2009（5）.

31. 齐振宏，周慧. 消费者对转基因食品认知的实证分析：以武汉市为例［J］. 中国农村观察，2010（6）.

32. 任珏. 身体的在场：网络民族志的性别反身性［J］. 新闻大学，2014（2）.

33. 芮必峰. 传播学的视野：读 E. M. 罗杰斯《传播学史》札记［J］. 新闻记者，2006（11）.

34. 芮华，陈宏亮. 社会资源差异还是父母示范影响？——大学生微信阅读的数字鸿沟研究［J］. 新闻记者，2020（5）.

35. 孙修福，胡浩，高琦，姜宝法. 同伴推动抽样法的简介［J］. 中国卫生统计，2007（6）.

36. 陶建杰，尹子伊. 中国文化软实力：国际评价、传播影响与提升策略［J］. 现代传播，2020（7）.

37. 王健，孟庆跃，曲江斌，等. 农村居民日常活动的主观幸福感分析［J］. 山东大学学报（医学版），2009（6）.

38. 王铭铭. 谈人类学的历史基础与人文价值（上）［J］. 湖北民族学院学报（哲学社会科学版），2008（2）.

39. 王铭铭. 谈人类学的历史基础与人文价值（下）［J］. 湖北民族学院学报（哲学社会科学版），2008（3）.

40. 韦路，陈稳. 城市新移民社交媒体使用与主观幸福感研究［J］. 国际新闻界，2015（1）.

41. 杨颖. 网络表情符号能拯救"社恐"吗？——网络表情符号中介作用下的社交焦虑与线上交流效果研究［J］. 新闻记者，2020（11）.

42. 张晗. 消失的头条：新闻 App 的视觉影响因素与记忆效果［J］. 国际新闻界，2020（5）.

43. 张娜. 虚拟民族志方法在中国的实践与反思［J］. 中山大学学报（社会科学版），2015（4）.

44. 张淑华，王佳林. 政策危机传播的结构化考察和成因分析：以 2011—2017 年网上争议性政策传播为研究路径［J］. 新闻与传播研究，2019（5）.

45. 张训保，卓朗，黄水平，等. 城市化进程中失地农民就业状况对心理健康的影响分析［J］. 中国心理卫生杂志，2009（9）.

46. 邹霞，谢金文. 群体压力对微信用户信息分享行为的影响研究［J］. 新闻大学，2019（9）.

后 记

新闻传播学的研究需要研究方法的指引，然而在日常教学中发现很多学生对研究方法的学习不够重视且具有恐惧感。因此，这本教材在编写过程中尝试以深入浅出的方式来介绍研究方法，每章引入了丰富的案例供学生参考学习。本书共分十章，在内容的分布上主要包含三大部分，第一部分是宏观地介绍了研究方法在传播学领域中的发展历程；第二部分重点介绍了量化研究的相关内容；第三部分主要介绍了质化研究的相关内容。

本书的编写从选题开始，到今天能够与读者见面，历时两年。首先要感谢郑州大学新闻与传播学院和河南省研究生精品教材项目的出版资助，同时也感谢中国传媒大学出版社编辑的辛苦付出。在书稿的具体编写过程中，郑州大学新闻与传播学院成立了编写组，主编邓元兵主要负责本书整体的大纲设定、编写进度的协调和内容审核，副主编南京大学博士生韩少卿和郑州大学研究生徐超超对书稿进行了统筹，郑州大学研究生刘鑫、狄晓铭、李田玉、董瑜、蒋真真、申雪、李雪丽、王佳鑫、王文娜、何冰洁、陶梦筱等参与了书稿相关资料的收集、整理和编写工作。编写组尽可能完整地去标注引用的文献，在此向被引用的作者一并致谢，但难免挂一漏万，欢迎广大读者提出宝贵意见。

邓元兵

2021 年 10 月